V&R

Simon Hartmann/Dirk Purz

Unterrichten in der digitalen Welt

Vandenhoeck & Ruprecht

Mit 50 Abbildungen und 2 Tabellen

Bibliografische Information der Deutschen Nationalbibliothek

Die Deutsche Nationalbibliothek verzeichnet diese Publikation in der
Deutschen Nationalbibliografie; detaillierte bibliografische Daten sind
im Internet über http://dnb.d-nb.de abrufbar.

ISBN 978-3-525-70246-8

Weitere Ausgaben und Online-Angebote sind erhältlich unter: www.v-r.de

Umschlagabbildung: © Dirk Purz
Fotografien, wenn nicht anders gekennzeichnet: Dirk Purz

© 2018, Vandenhoeck & Ruprecht GmbH & Co. KG,
Theaterstraße 13, D-37073 Göttingen /
Vandenhoeck & Ruprecht LLC, Bristol, CT, U.S.A.
www.v-r.de

Satz: SchwabScantechnik, Göttingen
Druck und Bindung: ⊕ Hubert & Co GmbH & Co. KG,
Robert-Bosch-Breite 6, D-37079 Göttingen

Gedruckt auf alterungsbeständigem Papier.

Inhalt

Vorweg

Die Digitalisierung hat die Welt in einem Maße verändert wie kaum eine andere technische Entwicklung je zuvor. Ihre wesentlichen Eigenschaften sind die ungemeine Beschleunigung und die globale, quasi uneingeschränkte Verfügbarkeit. In den westeuropäischen Ländern sind weit über 90 % der 12–30 Jährigen täglich im Internet[1]. Ob wir nun online sind oder nicht, wir müssen festhalten: Wir leben in einer digitalen Welt. Und einen Schritt weiter: Das Internet ist ein real existierender Sozialraum mit echten Beziehungen. Die damit verbundenen Einschnitte in den Alltag sind so immens und radikal, dass allgemein von der »digitalen Revolution« die Rede ist.

Einhergehend mit diesen Erkenntnissen hat der Soziologe Hartmut Rosa festgestellt, dass das Internet das Zeit- und Raumgefühl miteinander verschmelzen lässt. Die Möglichkeiten scheinen uneingeschränkt erweitert und damit steigt die Angst, etwas zu verpassen oder den Anschluss zu verlieren. Es scheint, als wäre die Welt »voller unerwarteter Chancen und Möglichkeiten« (Rosa 2014, S. 15). Alles und jedes ist zu jeder Zeit quasi an jedem Ort möglich.

> Unsere Grundfrage stellt sich deshalb wie von selbst:
> »Was bedeutet Digitalität für das Lehren und Lernen in der Schule?«

Wir gehen davon aus, dass die digitale Welt unmittelbare Auswirkungen auf das Lehren und Lernen hat. Wir verstehen das Internet und den Computer als unverzichtbare Lehr- und Lernmittel. Für

---

1 Weitere Informationen verfügbar unter http://www.ard-zdf-onlinestudie.de/, Zugriff am 23.08.2017.

uns sind digitale Anwenderkompetenzen Lernkompetenzen, die als Querschnittsaufgabe in allen Fächern gefördert werden müssen. Wir stellen die Frage: Was bedeutet das für die Schule der Gegenwart und der nahen Zukunft? Wir schließen uns den Fragen der Bertelsmann-Stiftung an: Wie können Schüler, Lehrkräfte und Eltern von den Möglichkeiten der Digitalisierung profitieren? Und wo ist Vorsicht geboten?

Ferner gehen wir davon aus, dass die Fragen nach den Folgen, Chancen und Risiken der Digitalisierung den pädagogischen Alltag von Lehrkräften und Schülern aller Schulformen und -stufen beeinflussen und verändern werden. Und das noch weitaus mehr als bisher.

Unser Buch ist eine Momentaufnahme. Wir möchten Lehrer und Lehrerinnen ansprechen, die jetzt für sich den Zeitpunkt gekommen sehen, die Digitalität in ihren Unterricht mit einzubeziehen und für sich und ihre Schüler und Schülerinnen lehrend und lernend einzusetzen.

Den Umgang mit digitalen Medien verstehen wir als gemeinsame, integrale Aufgabe der Unterrichts- und Schulentwicklung. Die digitale Welt erfordert zwangsläufig Überlegungen zu ihrer stufenweisen Integration in Schule und Unterricht. Es ist zudem davon auszugehen, dass die Digitalisierung nicht einfach alles verbessert, die Lernprozesse nicht per se vereinfacht werden, sondern dass sie in irgendeiner Form gestaltet werden sollte. Digitale Lernmittel schaffen mehr Vielfalt im Unterricht, erweitern die Lernwelten der Schülerinnen und Schüler und ermöglichen die Anschlussfähigkeit der Schule an die digitale Praxis der Schüler.

Vielfältige Lernmittel verbessern die Möglichkeit, die Qualität von Unterricht zu ergänzen und individuelle Lernwege in heterogenen und inklusiven Lerngruppen zu ermöglichen (NRW 4.0, 2016).

Bezüglich der Lehrerinnen und Lehrer nehmen wir an, dass sie längst und selbstverständlich digitale Geräte zur Unterrichtsvorbereitung einsetzen und das Internet zur Information, Materialbeschaffung und Recherche sowie zur Gestaltung von Lernprozessen nutzen.

Schülerinnen und Schüler nutzen ebenso selbstverständlich digitale Geräte zur Unterrichtsvorbereitung und setzen das Internet zur Informations-, Materialbeschaffung und Recherche sowie für Lern-

prozesse ein. Jedoch möchten wir in Bezug auf die Schüler eine Bemerkung des Leipziger Forschers Steffen Jauch aus dem Jahr 2014 aufnehmen, die er in einem Interview mit dem Deutschlandfunk gemacht hat: »Es gibt immer diese Feststellung von den ›digital natives‹, aber in der Forschung lässt sich das nicht belegen. Das sind eher ›digital Naive‹.« (Zugriff am 06.07.2017) Der vormals als so groß beschriebene Vorsprung der Schülerinnen beschränkt sich heute darauf, dass sie selbstverständlich als digitale User aufwachsen, aber keine Kenner oder Experten sind. Sie sind in der überwiegenden Mehrzahl unreflektierte Nutzer »fertig« bereitgestellter Programme, Informationen und Anwendungen. Das aber sind sie ausgiebig und äußerst intensiv.

Wir konstatieren folglich:
Die ständig präsente digitale Welt verändert unser Leben, unser Denken, unser Handeln und unser Fühlen. Somit verändert sie auch unser Lernen. Das hat unmittelbare Auswirkungen auf den Unterricht. Die Flut der Informationen wird stetig enorm zunehmen, was bedingt, dass eine der wichtigsten Kompetenzen der Zukunft darin liegen wird, Informationen sachgerecht zu filtern und Wissen zu transformieren. Unseres Erachtens kann dies aber nur auf der Grundlage basaler Lernstoffe gelingen. Auch, wenn die Haltbarkeit der Lernstoffe abnimmt, Kenntnisse aber werden bleiben.

> Eine der großen Herausforderungen der Zukunft wird darin liegen, den Spagat zwischen dem eigenen Wissen und dem Wissen, wo Informationen, Fakten, Daten zu finden sind, auszutarieren.

Ein weiteres Kennzeichen unserer Zeit ist die vielerorts praktizierte »digitale Spaltung« zwischen schulischen und außerschulischen Medienwelten. Digitale Medien sind Alltagswelten, die sich aus dem »Schonraum« Schule nicht ausschließen lassen. Vielmehr gilt es, sie konstruktiv in Lernprozesse einzubringen und die Digitalität als Ressource für selbstverantwortliches Lernen anzuerkennen und nutzbar zu machen. Die schulische Praxis ist jedoch eine ganz andere. Digital sind die Schülerinnen vor und nach der Schule oder unerlaubterweise in den Pausen.

Unsere Motivation zu diesem Buch ist vielfältig. Zum einen haben wir unterschiedliche Zugänge. Während der eine täglich im Unterricht vor Schülern steht, ist der andere damit beauftragt, Lehrerinnen in digitalen Fragen fortzubilden. Was uns eint, ist die Akzeptanz in die neuen Gegebenheiten der digitalen Welt. Wir halten es für obsolet, die reale Welt der Digitalität aus der Schule und dem Unterricht auszuschließen und wollen den Satz eines Schülers: »Meine digitale Welt endet vor dem Schultor und beginnt dort auch wieder« nicht fortführen.

Umgekehrt sind wir keine Nerds und können persönlich gut auch offline in der digitalen Welt leben. Wir sind, um es mit dem Projektmanager der Bertelsmann-Stiftung Christian Ebel zu sagen, »digitale Pragmatiker« (im Gegensatz zu »analogen Trotteln« und »digitalen Euphorikern«). Das enthebt uns aber nicht von der empfundenen Verantwortung, Digitalität organisiert und strukturiert in die Schule und den Unterricht zu integrieren. Wir stellen die Frage nach der Funktion der Digitalität im Lernprozess. Digitalität ersetzt das analoge Lernen nicht, es ergänzt und erweitert, es bereichert es. Zudem ermöglicht die digitale Welt neue Möglichkeiten des Lernens und schafft Alternativen. Das ist unser Anliegen.

Das Ganze tun wir unter den gegenwärtigen Kenntnissen und Bedingungen, die sich ständig ändern. Unser Buch ist, wie bereits gesagt, eine Momentaufnahme. Das kann uns nicht aufhalten, weil wir nur jetzt unseren Unterricht und unsere Schule gestalten können.

Und da wir offen sind, werden wir weiter dazulernen. Deshalb verfolgen wir die Devise der Fotografin Nina Schnitzenbaumer (2016): »Der Gedanke, dass es den perfekten Moment nicht gibt, erleichtert mir die Selbstständigkeit und daher kommt wahrscheinlich auch meine Gelassenheit. Fang an, bevor du bereit bist.«

Sie können sich vorstellen, dass dieses Buch ein Prozess ist. Nicht, weil man das heute so sagt. Ständig stoßen wir auf neue Informationen, erhalten Impulse und denken nach. Wir nehmen Dinge auf und justieren unseren Kurs. Wenn wir uns auf Bücher berufen, dann zitieren wir, wie es sich gehört. Nur können wir nicht alle »files« zu Websites aufführen, die uns bereichert und weitergebracht haben. Dafür bitten wir um Verständnis!

Zu guter Letzt. Wir werden theoretische Modelle darstellen. Ok! Da bleiben wir aber nicht stecken. Wir stellen ganz konkrete Arbeitsweisen und Methoden vor, reflektieren sie praktisch und didaktisch. Dass wir nicht auf die Theorie verzichten, schulden wir Kurt Levin, von dem der Satz stammt: »Eine gute Praxis ist eine noch bessere Theorie« und das wollen wir beherzigen.

Stringenten Lesern wird auffallen, dass der Stil des Buches nicht eindeutig ist. Es ist kein Lehrbuch, stellenweise wie ein Essay verfasst und dann eher wieder ein wissenschaftliches Referat. Das ergibt sich nicht nur aus der Tatsache, dass zwei Autoren schreiben, sondern auch daraus, dass wir der fluiden Situation der Digitalität entsprechen wollen. Mal begeben wir uns in die Leichtigkeit des Testens und Ausprobierens, mal in die ganz sachliche Analyse der Metaebene. Auch ziehen wir nicht immer Schlussfolgerungen aus dem Geschriebenen. Wir gehen von mündigen Leserinnen aus, die selbstständig ihre Erfahrungen machen und feststellen wollen, wie sie Digitalität in ihrer Schule und ihrem Unterricht einbauen werden und welchen Nutzen diese haben wird. Zudem sind wir mit vielen der Meinung, dass Digitalität schulisch erst am Anfang steht. Es ist zu früh, schon alles schlussendlich beurteilen zu können, uns allen fehlen die Erfahrungen und Erlebnisse.

Immer wieder werden Fotografien in diesem Buch den Text begleiten. Mal sind es Visualisierungen und Verstärkungen des Geschriebenen, mal sind es auch nur unkommentierte Einblendungen, die wir in den Raum stellen und die zum Nachdenken anregen wollen.

Hinsichtlich einer inklusiven Sprache bemühen wir uns um eine gute Lesbarkeit und verwenden die feminine und maskuline Form durcheinander und hoffentlich gerecht.

Dank

Dieses Buch ist nicht im luftleeren Raum entstanden. Viele haben uns begleitet, unterstützt und manchmal auch ertragen. Ihnen wollen wir hier danken. Für die Geduld, den Freiraum zum Ausprobieren, die gemeinsame Zeit und die geteilte Freude mit unserem Projekt, die wir erleben durften. Eine ganz besondere Unterstützung haben wir durch unsere Lektorin erhalten. Ihre stringente Art hat uns geführt und unterstützt. Dafür ganz herzlichen Dank.

Eröffnung

»Die Gegenwart ist potentiell in jedem Moment der Beginn einer neuen Geschichte. Das Verpassen solcher Momente ist eine der Todsünden einer Organisation.« (Reinhart Nagel/Rudolf Wimmer: Systemische Strategieentwicklung. Stuttgart 2002, S. 20)

Das Internet ist ein Arbeits-, Lern- und Kommunikationsbereich. Heute ist abzusehen, dass der Zugang zu Informationen, Kommunikation, Lernangeboten über vernetzte Computer stattfindet. Also über ein die Welt umspannendes, heterogenes Netzwerk, das wir im Allgemeinen als Internet bezeichnen.

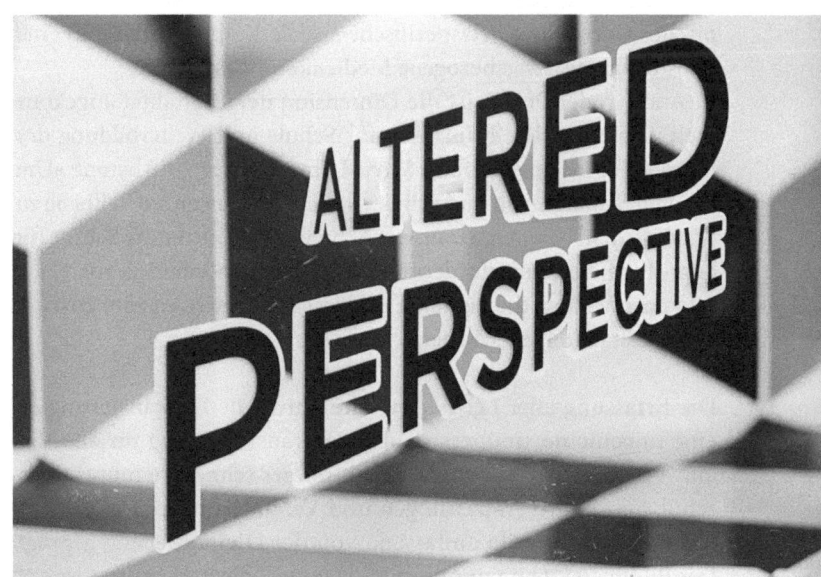

Damit ergibt sich als wesentliche Forderung:
Es darf nicht zu einer Teilung der Gesellschaft kommen in eine Gruppe von Menschen, die fähig sind, sich mit Hilfe der Informations- und Kommunikationstechnologien Informationen zu beschaffen und sie zu verbreiten, und in eine Gruppe, die über diese Fähigkeit nicht verfügt.

Um diese Befähigung zu erlangen, ist geschulte Kompetenz aufzubauen. Diese bezieht sich auf ein sich ständig erweiterndes technisches Know-how, netzspezifische soziale Kompetenzen und eine selbstbewusste, selbstbezogene Medienkompetenz.

Auch in der Politik ist die Dimension der Digitalität angekommen. Die ehemalige Ministerin für Schule und Weiterbildung des Landes Nordrhein-Westfalen Sylvia Löhrmann hat 2016 betont: »Um unseren Schülerinnen und Schülern gleiche Chancen auf Teilhabe zu ermöglichen, bereiten wir unsere Schulen und Lehrkräfte Schritt für Schritt auf die Herausforderungen des digitalen Wandels vor. Nach und nach werden die digitalen Schlüsselkompetenzen zum curricularen Bestandteil aller Unterrichtsfächer.«

Die Erfassung aller Lebensbereiche durch die Digitalisierung ist eine ungemeine, unüberschaubare Herausforderung für alle Verantwortlichen des Bildungssystems. Immer schnellere Innovationsschübe erfordern Anpassungen und Veränderungen. Das Alltagsleben ist mittlerweile umfassend von der Digitalisierung geprägt. Das Bildungssystem muss hierfür die notwendigen Voraussetzungen schaffen und dabei Teilhabe und Mündigkeit für alle Heranwachsenden sowie besonders Chancengerechtigkeit für jedes einzelne Kind ermöglichen. So die ehemalige Ministerpräsidentin Hannelore Kraft aus NRW.

Das Internet als Arbeits-, Lern- und Kommunikationsbereich, ist ein Bereich, in dem sich und durch den sich ein Teil unseres Lebens ereignet.

Das Internet und der Computer sind Lehr- und Lernmittel mit einer bisher nicht bekannten Komplexität, Geschwindigkeit und Vielfalt an Möglichkeiten. Deshalb braucht es eine »Digital- und Onlinedidaktik«. Schule wird Schülerinnen darin unterstützen, Computer und das Internet umfänglich einzusetzen und zu nutzen.

Es geht um weitaus mehr als um Medien!
Die Vielfältigkeit der Internetnutzung und die Einflechtung in den Alltag bedingt, dass das Internet nicht lediglich als Medienplattform wahrgenommen und medienpädagogisch in unterrichtliche Kontexte eingebunden werden darf.

Das bedingt, dass die informationstechnische Vergesellschaftung in vernetzten und interaktiven Medien wahrgenommen und schul- sowie unterrichtsrelevant analysiert und vermittelt wird. Dabei wird vorausgesetzt, dass die Menschen bereits in der digitalisierten Welt leben, und das schon seit Jahren. Da kommt jede Vorbereitung schon rein zeitlich zu spät und kann doch nur als Begleitung gedacht werden (Rosa, Zugriff am 28.6.2017). Und um das Vorherige zu ergänzen und zu entspannen zitieren wir Christian Ebel (Zugriff am 11.07.2016):

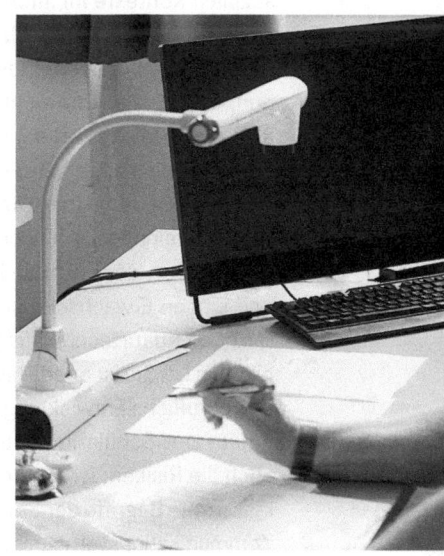

»Natürlich führt der Einsatz digitaler Medien allein nicht zu erfolgreichem Lernen. Wichtig sind didaktische Konzepte, die die Besonderheiten und Möglichkeiten digitalen Lernens berücksichtigen statt analoge Formate einfach auf digitale Werkzeuge zu übertragen.«

Fazit

Es ist offensichtlich, dass Digitalität das Lehren und Lernen verändert. Was aber genau hilfreich oder blockierend ist, das können wir noch nicht feststellen, weil es noch keinen flächendeckenden didaktisch reflektierten Einsatz von digitalen Lehrmethoden im Unterricht gibt!

Es gilt,

- die Bedeutung der computerunterstützten Kommunikation für die Entwicklung von Gesellschaften darzustellen.
- die Wechselwirkungen zwischen interaktiven Medien und gesellschaftlichem Strukturwandel zu verstehen und aufzuzeigen.
- unterschiedliche Medien im Hinblick auf die Kommunikationsstruktur und ihre Funktion in ihren gesellschaftlichen Verwendungszusammenhängen unterscheidbar zu machen.
- soziale Netzwerke, die sich auf Informations- und Kommunikationstechnik stützen, als ein zentrales Charakteristikum der sozialen Kontexte im Informationszeitalter darzustellen.
- verständlich und nachvollziehbar zu machen, dass Individuen während computervermittelter Kommunikation reale Sozialbeziehungen eingehen und nicht etwa bloß »virtuell« kommunizieren, also der »Möglichkeit nach« bzw. »nicht wirklich« miteinander kommunizieren, so wie es das Wort »virtuell« oft unterstellt. Unabhängig vom Übertragungsmedium kommunizieren Menschen miteinander – sie kommunizieren nie virtuell miteinander.
- darzustellen, dass digitale Kompetenz der Kinder, Jugendlichen und jungen Erwachsenen eine übergreifende Schlüsselkompetenz und Kulturtechnik für die Teilhabe an Wissen und Kommunikation ist. Sie ist unerlässlich für gesellschaftliche Partizipation und berufliche Entwicklung. Bei der Entwicklung der Digitalkompetenz der Schülerinnen und Schüler sollen die Chancen wie auch die Risiken der Mediennutzung beachtet werden.
- klassische Begriffe der Soziologie in die computerunterstützten Kommunikationsverhältnisse zwischen Menschen zu überführen.

1 Das Web 2.0 und der Schulunterricht

Wir denken, dass das mobile Lernen und die damit einhergehenden neuartigen Anforderungen Anpassungsleistungen seitens der Schule erfordert. Die Schule muss an der Schnittstelle zwischen Präsenzunterricht und digitalem Unterricht arbeiten, um medienkompetente Partizipationsmuster im *blended classroom* zu gewährleisten.

Hierbei unterstützt die Lehrperson individuell die Schüler und gibt Hinweise und Hilfen. Kooperative Elemente können genutzt werden, sodass die Schüler untereinander Probleme oder Lösungsansätze besprechen können, und sich somit in ihren Lernprozessen austauschen können. Es erfolgt eine Form der Plateaubildung in Form individueller Angebote, die im normalen Präsenzunterricht schwer, oder nur mit sehr großem (Material-)Aufwand umsetzbar ist. Wenn dies im Bereich der Hausaufgaben, Wochenplanstunden, Freistunden o. ä. genutzt wird, kann die eigentliche Präsenzveranstaltung zur gemeinsamen Vertiefung des bereits Gelernten und Problematisierten genutzt werden – dies wird *flipped classroom* genannt.

Die Verfügbarkeit von Materialien, Kommunikationsmöglichkeiten zwischen Lehrern und Schülern sowie Schülern und Schülern, bewirkt eine Veränderung des Lernortes Schule, die es den Schülern ermöglicht, in eigenem Tempo an den Materialien zu arbeiten und asynchron, ortsunabhängig und selbstgesteuert anhand von digitalen Materialien zu lernen, während Lehrkräfte diagnostizieren, beraten und individueller fördern können.

Viele Forscher aus den Reihen der Medienpädagogik sind sich einig, dass die Nutzung des Web 2.0 »insbesondere Chancen von Partizipation und Kollaboration« (Magenheim/Meister 2011, S. 19–20) ermöglicht. Gerhard Tulodziecki (2011) hat das positive Potenzial der neuen Medien analysiert und ihr Potenzial einem Fragenkatalog unterworfen. Er stellt fest, dass das Medium als »Informationsquelle und Lernhilfe, als Mittel der Unterhaltung und des künstlerischen Ausdrucks, als Simulationswerkzeug bei Problembearbeitungen und Entscheidungen, als Instrument für Kommunikation und Kooperation sowie als Möglichkeit der Mitgestaltung des Gemeinwesens« (S. 52) dient. All diese Fragen führt Tulodziecki zurück auf philosophische Grundfragen, denen sich auch jeder Präsenzunterricht stets stellen muss:

- Erkenntnistheorie: Was ist wahr?
- Pragmatismus: Was ist (im weitesten Sinne) nützlich für den Einzelnen und die Gesellschaft?
- Ästhetik: Was ist in sich stimmig bzw. im weitesten Sinne schön?
- Ethik: Welches Handeln ist gerechtfertigt?
  (vgl. Tulodziecki 2011, S. 52).

Der negative Vorbehalt gegenüber den neuen Medien muss also im Lichte dieser Betrachtungsweise differenzierter untersucht werden, als es in der Öffentlichkeit getan wird: »Je mehr am Computer, desto dümmer«, titelt etwa der Spiegel schon im Jahre 2005 (Padtberg 2005). Aktuelle Artikel nehmen eher unsere Anpassungsfähigkeit in den Blickwinkel:

»In den siebziger Jahren konnten die meisten Computernutzer die Maschinen noch selbst steuern. Ein blinkender Balken auf einem leeren Bildschirm, mehr war da nicht. Mittlerweile klicken oder drücken wir auf bunte Icons, und auf magische Weise tut die Technik Dinge, die sich jemand anderes vorher ausgedacht hat.« (Reißmann, 2012)

Dies ist angesichts des gesellschaftlichen Stellenwertes der neuen Medien ein tatsächlich weitreichendes Problem. Die Mediennutzung Jugendlicher ist unwahrscheinlich hoch, die reflektiert- produktive Nutzung jedoch erschreckend gering (vgl. mpfs, Studie JIM 2015). Auch Lehrkräfte lernen ihre Grenzen beim *ubiquitous computing* kennen und vertrauen daher lieber auf funktionale analoge Unterrichtsmethoden. Jedoch eröffnen gerade die Web 2.0 Tools

»durch das vielgestaltige Potenzial mit ihren neuartigen technologischen und sozialen Dimensionen erheblich erweiterte Lern- und Bildungspotenziale, die bislang kaum zu realisieren waren. Diese Erweiterung der Art und Weise, wie Fachinhalte vermittelt, strukturiert und erarbeitet werden können, bieten für den Unterricht Chancen, die bislang allerdings erst in Ansätzen genutzt werden.« (Magenheim/Meister 2011, S. 38)

Die Nutzung der Technologien ist vielversprechend – jedoch ist der bloße Einsatz der Technologien nicht das Ziel der modernen Didaktik. Der Einsatz des Mediums Internet per se wird keine Erfolge zeigen – er muss integriert werden in das Konzept des digitalen Lernens sowie in didaktische und curriculare Rahmenpläne (vgl. Herzig/Grafe 2011, S. 78). Die Nutzung der Werkzeuge des Web 2.0 darf nicht parallel zum Wissenserwerb über den traditionellen Unterricht laufen, sondern muss in den Lernprozess integriert werden, sodass sich den Lehrern und Schülern neue Erschließungsmöglichkeiten der Partizipation, Kollaboration und (Anschluss-)Kommunikation für den Stoff eröffnen.

Um diese Medienverbünde zu analysieren und um produktiv mit ihnen arbeiten zu können, muss an Schulen eine Vermittlungsgrundlage geschaffen werden, die den Schülern und Lehrern einen reflexiven Umgang mit den Medien vermittelt.

Digitale Lernarrangements gestalten:
Analoge und digitale Lernumgebungen im Verbund

Die Entwicklung eines handlungsfähigen Subjektes muss im Kontext der Digitalisierung der Wissensgesellschaft die Medien konstitutiv miteinbeziehen. Die Frage, ob das eine oder das andere Paradigma obsolet wird, kann sich nicht stellen, da ihre Vermittlung anhand irrationaler Übertragungswege nicht nachvollziehbar und ineinander verschränkt ist. Es gibt ein Für- und Wider in Bezug auf die Paradigmen unserer Zeit, jedoch denken wir, dass eine Auflösung weder sinnvoll noch notwendig ist. Beide Paradigmen stellen Anforderungen in Bezug auf die Lebenswelt der Schüler.

Da wir in einem Zeitalter medialer Konvergenz und ihrer alle Lebenswelten durchdringenden Konzeptualisierung auch nicht in der Lage sind ›zurückzuschrauben‹, bedarf die Medienkompetenz als integraler Bestandteil dieser Lebenswelt einer Schulung über das Medienwissen und die Medienfunktionen hinaus. Digitales Lernen kann hierbei als integrierendes Moment der realen und medial vermittelten Lebenswelt eine reflexive Grundhaltung bilden, aus der heraus sich Lebenswelten und Medienwelten reflexiv durchdringen lassen. Dies ist keineswegs ein Novum – so hinterfragten viele Schriftsteller wie E.T.A. Hoffmann und Franz Kafka bereits die Auswirkungen medialer Vermittlung auf das Selbst. Neu ist jedoch, dass die Medienkonvergenz die Trennschärfe zwischen verschiedenen Medien aufgrund gegenseitiger Durchdringung komplexer als je zuvor macht. Daher sollten Mediendifferenzen deutlich analysiert und erfahrbar gemacht werden, um somit gleichsam fachliche (analoge) wie auch mediale (digitale) Kompetenzen zu schulen. Im Zuge der Digitalisierung und der stärkeren Forcierung medial-vermittelter Kompetenzen haben sich bereits viele Schulen auf den Weg gemacht, digitale Lernräume zu schaffen. Oft spricht man hierbei vom Aufbau einer E-Learning-Plattform. E-Learning ist ein Begriff, der viele Zuschreibungen zulässt. Genau betrachtet, beschreibt er jedoch vor allem einen Zustand des Online-Lernens, der den Nutzer in Form von Web-Based-Trainings in seinem Lernprozess zu einem Großteil allein lässt und wenig bis keine Verschränkung mit dem Präsenzunterricht aufweist. Dies widerspricht in besonderem Maße unserem Verständnis der schulischen Lernbegleitung, da diese Lernform die Anschlusskommunikation zu großen Teilen ausspart. Wir verstehen das Lernen in der digitalen Welt daher nicht als E-Learning, sondern vielmehr als einen wechselseitigen Prozess ineinandergreifender Strukturen und Methoden von Präsenz-Unterricht und den Strukturen und Methoden digitalen Unterrichts in Form einer zielorientierten Verschränkung.

Schulen müssen vor allem interaktive Austauschprozesse mit
»dem gemeinsamen Ziel
einer sozialen Ko-Kons-
truktion von Wissen [...]«
(Staudermann/Schulz-Zan-
der 2012, S. 53) forcieren.
Die Kollaboration soll durch
den Austausch unterschiedlicher subjektiver Perspektiven die
Wissensproduktion fördern, die »mehr beinhaltet als die Summe
der individuellen Leistungen« (Staudermann/Schulz-Zander 2012,
S. 53). Hierbei sind vor allem »individualisiertes Lernen, forschendes Lernen, kollaboratives Lernen (mit externen Partnern) und produktionsorientiertes Lernen« (ebd. S. 53) relevant für das Lehren und
Lernen. Der Einsatz digitaler Medien kann ein »eigenaktiv-konstruierendes und kooperatives Lernen« ermöglichen und die klassische
»konstruktivistisch-orientierte Lernumgebung bereichern« (Stauder-
mann/Schulz-Zander 2012, S. 54).

Als erfolgsweisend für ein *blended learning*-Lernsetting lassen
sich folgende Grundbedingungen aufzeigen:

Möglichkeiten zum individualisierten Lernen:
– *Blended learning*-Settings können den Lernenden Hilfe bieten,
  indem analoge oder digitale Hilfekarten, reduziertes Material
  oder aber anspruchsvollere Aufgaben oder andere Lernpfade oder
  ein erweiterter Medienfundus bereitstehen.

  TIPP FÜR LEHRER: Denken Sie darüber nach, Hilfekarten in digitaler Form bereitzustellen. Drucken Sie einen QR-Code als För-
  der- oder Forderaufgabe unter oder neben ihre Aufgabe, um sie
  im Unterricht direkt abrufbar zu machen. Dies kann ein Link zu
  einem Video, einer vorbereiteten Textdatei oder einem Bild sein,
  der entweder ein vertieftes Verständnis oder eine Erleichterung
  der Aufgabe ermöglicht.

Möglichkeiten zum produktionsorientieren Lernen:
- Schüler können Blogs, Portfolios, Filme, Fotos, Zeichnungen, Texte etc. erstellen, verlinken, verschränken, diskutieren, sich gegenseitig und den Verlauf des Unterrichts beeinflussen.

Möglichkeiten zum forschenden Lernen:
- WebQuests, Foren und Wikis bieten den Schülern Möglichkeiten zum forschenden Lernen ›auf eigene Faust‹. Hierbei wird ihnen nur wenig Hilfestellung gegeben.

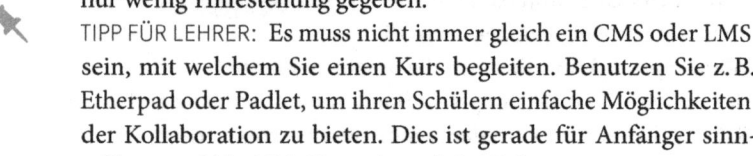

TIPP FÜR LEHRER: Es muss nicht immer gleich ein CMS oder LMS sein, mit welchem Sie einen Kurs begleiten. Benutzen Sie z. B. Etherpad oder Padlet, um ihren Schülern einfache Möglichkeiten der Kollaboration zu bieten. Dies ist gerade für Anfänger sinnvoll – sowohl bei Schülern als auch bei Lehrern.

Möglichkeiten des kollaborativen Lernens:
- Das kollaborative Lernen ist ein wichtiger Bestandteil integrierter Lernumgebungen. Im Gegensatz zu Materialien, die im Präsenzunterricht hergestellt werden, sind die Ergebnisse der Schüler (je nach Intention des Unterrichts-Vorhabens) für alle verfügbar, beeinflussbar und diskutierbar. So entstehen Vernetzungen, Denkanstöße und letztlich lebhafte Diskussionen.

Möglichkeiten, die Problemlösefähigkeit zu erlernen und zu erweitern:
- Es können komplexe und intermediale Aufgabenstellungen mit Materialfundus gestellt werden, die erweiterte Themenbereiche oder optionale Lernziele schulen.

Möglichkeiten zur mediendifferenzierenden Analyse:
- Insgesamt betrachtet, fungiert die integrierte Lernumgebung vor allem als ein Instrument, dass die bei Schülern oft bemängelte fehlende Trennschärfe zwischen analogem und digitalem Arbeiten aufzuheben hilft, da sie implizit Fragen bei den Schülern aufwirft:
  - Welcher Tradition entstammt das Medium?
  - Welchen Zweck erfüllt diese Medientradition?
  - Welche formalen Mittel der Narration werden verwendet?

- In welchem Zeitabschnitt wurde geschrieben oder geposted, gefilmt etc.? (Rhythmizität)
- Welchen ästhetischen und ethischen Regeln folgen die Materialien?

Nicht alle Schulen verfügen über das Know-how oder die finanziellen Möglichkeiten, eine integrierte Lernumgebung einzusetzen. Einige von den Ministerien und vom Land protegierte Projekte unterlassen es, die Schulen in diesem Bereich adäquat zu unterstützen. Es werden Plattformen wie etwa Moodle angeboten, die als Open-Source Anwendung als Standard mit einem Klick auf jedem selbst erworbenen Webspace installiert werden können. Die grundlegende Architektur z. B. von Moodle ist längst veraltet und wird in dieser Form nicht flächendeckend in Schulen eingesetzt werden. Der Markt hat längst weitaus fortschrittlichere und einfacher zu bedienende, interaktivere und kompatiblere Systeme im Hinblick auf Smartphones und Tablets und unterschiedliche Betriebssysteme hervorgebracht. Das Land und die Ministerien müssen auf dieses Problem mit Investitionen reagieren, die ein flächendeckendes, erschwingliches, regelmäßig gewartetes und aktualisiertes System für Schulen ermöglichen.

Auswahl von Lernumgebungen oder digitalen Tools für die Schule
Auf den ersten Blick vermögen digitale Tools und Lernplattformen viele Alltagsprobleme von Lehrerinnen und Lehrern zu lösen: Verteilung von Arbeitsblättern, Diskussions- und Kommunikationsmöglichkeiten, Möglichkeiten der Kooperation und Kollaboration, Tests, Aufgabenverteilung, Expertengruppenbildung, Lerngruppenbildung, Motivation und viele Arten der Differenzierung. Hierbei muss bedacht werden, dass eine Bereitstellung der Tools durch die Schule in zentralisierter Form (z. B. Zugriff über den internen Bereich der Schulhomepage) mit vorheriger Auswahl und Integrierung in die jeweiligen Kernlehrpläne durch ein Fachgremium unbedingt notwendig ist, um
1. die Qualität zu sichern und
2. eine Verbindlichkeit der Benutzung der ausgewählten Tools für Lehrer und Schüler zu erzeugen.

Eine beispielhafte Auswahl von Qualitätsmerkmalen für die Tools stellt die folgende Liste dar:

Das Tool bietet …
- cloudbasierte Dateiablagen,
- ein modernes und funktionales Design (*responsive*, d. h.: auf allen Geräten einsetzbar),
- eine einfache Bedienung (z. B. Drag-and-drop)
- die Möglichkeit, forschende Lernarrangements zu erzeugen (z. B.: Materialpools, weiterführende Fragestellungen oder Problemstellungen, die bearbeitet werden können),
- Gratifikationselemente (*leaderboard, badges* etc.),
- die Individualisierbarkeit von Lernwegen,
- Informationen über den Lernfortschritt,
- Kommunikationsmöglichkeiten (synchron oder asynchron),
- synchrone oder auch asynchrone Kooperationsmöglichkeiten,
- Privatsphäre für Gruppen oder einzelne Schüler sowie
- die Möglichkeit, problemorientierte Lösungsstrategien zu verfolgen.

KONKRET

Als Englischlehrer nutze ich z. B. das webbasierte Tool *Quizlet* ausgiebig. Grundsätzlich bietet es die Möglichkeit, Fragen mit den dazugehörigen Antworten in Form von Karteikarten für alle Schüler in Ordnerstrukturen anzulegen. Automatisiert wird dann die Möglichkeit für jeden Schüler, Karteikarten in verschiedensten Formen zu drucken, sich die phonetische Struktur der Wörter vorlesen zu lassen, sich spielerisch abfragen zu lassen (inkl. Punktesystem und Siegertreppchen innerhalb der Klasse), sich randomisierte Tests über bestimmte Fragen direkt individuell erstellen zu lassen, bestimmte Wortgruppen mit Sternchen zu markieren (z. B. schwere Wörter), welche dann gesondert abgefragt werden, Live-Tournaments innerhalb der Klasse zwischen verschiedenen Gruppen zu erzeugen und vieles mehr. Dies funktioniert ohne Aufwand völlig unproblematisch. Zudem bietet Quizlet die Möglichkeit der Lerngruppenanalyse – hier können schwierige Wortfelder/Wörter oder Fragen eingesehen und danach z. B. im Unterricht erneut thematisiert und z. B. in einem Textkontext oder einem kreativen Schreibauftrag verwendet werden. Überhaupt lässt sich eine Verbindung von motivierender digitaler Wortfeldarbeit als Vorentlastung der Besprechung eines Textes zu diesem Wortfeld daraufhin völlig unproblematisch über das Smartphone der Schüler realisieren, da Quizlet eine tadellos arbeitende App für Android und IOS bietet. In puncto Motivation und dem damit verbundenen Lernertrag kann ein solch kleines Tool bereits viel bewirken.

Seitens der Lehrerinnen und Lehrer muss der Zugang zu digitalen Medien vor allem: (1) sicher, (2) zuverlässig und (3) einfach zu bedienen sein. Die Neuerungen des Web 2.0 durch intuitive Bedienung, einfache Interaktion mit System und Usern, Dashboards und Drag-and-drop-Elemente bieten hier jedoch die optimalen Voraussetzungen, um Lehrern und Schülern den Weg zur reflexiven und produktiven Nutzung dieser Tools zu ebnen.

Oft sprechen Lehrer davon, dass ihre Schüler *digital natives* sind. Bei der Vorbereitung von Unterricht ist hier jedoch Vorsicht geboten. Während die Nutzung von stationären PCs abnimmt, nimmt die Nutzung von Smartphones extrem zu (vgl. mpfs, Studie JIM 2015). Hierbei ist zu beachten, dass oft lediglich Apps wie WhatsApp oder Facebook bedient werden, die für ein breites Massenpublikum programmiert und intuitiv bedienbar sind. Schüler sind im Rahmen der Bedienkompetenz oft fit, jedoch oft nicht kompetent im Rahmen der funktionalen und intentionalen, reflexiven oder produktiven Verwendung digitaler Medien. Dies bedeutet jedoch, dass LehrerInnen sich fortbilden und sicher im Umgang mit digitalen Medien gemacht werden müssen, um Schülerinnen ein Vorbild zu sein und Medienkompetenz gezielt zu vermitteln. Berufliche und universitäre Ausbildungen verlangen heutzutage den kompetenten Umgang mit Medien.

Didaktik des Lernens in der digitalen Welt

Für viele Lehrerinnen und Lehrer ist die Vorstellung der Nutzung digitaler Medien erst einmal die Vorstellung von zusätzlicher Belastung. Das Sich-bewegen-Müssen auf didaktisch und methodisch bisher unergründetem Gebiet ist einer der Gründe, warum es in Deutschland im Vergleich zu z. B. anglophonen und skandinavischen Ländern wenig Einsatz digitaler Lernbegleitung gibt. Bei der Planung des Unterrichts sollte in der Reihenplanung berücksichtigt werden, wann und wo die digitalen Medien neben dem Präsenzunterricht explizit thematisiert und genutzt werden. Für die Schüler ist der Gebrauch digitaler Medien nicht per se selbstverständlich und wird von ihnen nicht akzeptiert, wenn sie nicht ein sinnvoller Bestandteil des Curriculums und des Unterrichts sind. Die Einbettung der digitalen Medien muss folglich in ihrem didaktischen- und methodischen Design einen Mehrwert haben. Im Folgenden soll daher geklärt werden, wie der medial vermittelte Lernzuwachs funktioniert und welche Risiken bestehen.

Bei aller noch so oft gehegten Euphorie vieler Didaktiker und Medienpädagogen über die neuen Medien und ihre Möglichkeiten der Kollaboration muss jedoch der Blick geschärft bleiben für die medienpsychologischen Grundlagen – schließlich finden wir in einem medienpädagogisch aufbereiteten Szenario auch nur eine subjektive Theorie über die Wirkungsformen von Medien, die nicht zwangsläufig auf die empirische Wissensbasis zurückgegriffen haben muss. In diesem Sinne muss bei der Ausführung der Unterrichtsplanung multimedialer Szenarien auch auf die Grundlagentheorien wie etwa die Cognitive Theory of Multimedia Learning (CTML) von Mayer (2005) rekurriert werden.

Die CTML lässt sich im Grunde auf drei Prinzipien des Lernens zurückführen:

1. Das Verarbeiten von Informationen funktioniert über zwei Kanäle *(dual-channel assumption).* Der Mensch beginnt das Verarbeiten *(processing)* unterschiedlich, je nachdem, womit er konfrontiert wird.
   - *Visual*/pictoral: Illustrationen, Animationen, Video, On-Screen-Text.
   - *Auditory*/verbal: Narration, nonverbale Geräusche (vgl. Mayer 2005, S. 33).

2. Jeder dieser Kanäle hat eine limitierte Kapazität *(limited capacity assumption)*.
3. Aktives Lernen bedeutet, dass ein genau abgestimmtes Set von kognitiven Prozessen während des Lernens abläuft *(active processing assumption)*.

Für das Multimedia-Lernen gibt es fünf kognitive Prozesse:
1. Relevante Wörter aus einem Text oder einem literarischen Text entnehmen.
2. Relevante (Ab-)Bilder aus den präsentierten Illustrationen entnehmen.
3. Die markierten Wörter in Form einer kohärenten verbalen Repräsentation darstellen.
4. Gewählte (Ab-)Bilder in einer kohärenten piktoralen Repräsentation organisieren.
5. Piktorale sowie verbale Repräsentation in Zusammenhang mit dem Vorwissen bringen. (vgl. Mayer 2005, S. 33)

Dual-channel Assumption
Es gibt zwei Wege, um die Unterschiede der Arbeitsweise der Kanäle zu beschreiben.
1. *presentation mode*: ein Kanal verarbeitet piktorales Material, der andere Kanal nonverbale Geräusche.
2. *sensory modality*: fokussiert, ob Lerner zunächst den Prozess der Informationsverarbeitung durch Augen oder Ohren starten (vgl. Mayer 2005, S. 34).

Der *presentation mode* fokussiert das reine Format des Stimulus, während die *sensory modality* den Stimulus so, wie er im Arbeitsgedächtnis ankommt, bearbeitet (auditiv oder visuell) (vgl. Mayer 2005, S. 34).

Limited capacity Assumption:
Menschen können nur eine endliche Anzahl von Information in einem Kanal zu einem bestimmten Zeitpunkt speichern (vgl. Mayer 2005, S. 35).

»For example, if an illustration or animation of a tire pump is presented, the learner may be able to focus on building mental images of the handle going down, the inlet valve opening, and air moving into the cylinder. When a narration is presented the learner is able to hold only a few words in working memory at any one time, reflection portions of the presented text rather than a verbatim recording.« (Mayer 2005, S. 35).

Active processing Assumption
Diese Beschränkung des Arbeitsgedächtnisses zwingt den Lerner dazu, eine Entscheidung zu treffen, welche Information er aufnehmen will, wie stark Verbindungen zwischen den ausgewählten Teilen gezogen werden sollen und wie dies mit dem Vorwissen verknüpft werden kann (vgl. Mayer 2005, S. 36).

Wenn also das Ergebnis des aktiven Lernens die Konstruktion von kohärenten mentalen Repräsentationen ist, ist es notwendig zu wissen, wie Wissen prozessiert wird (ebd.).

Das präsentierte Material sollte eine kohärente Struktur haben. Die Botschaft sollte dem Lerner bei der Bildung seiner Strukturen helfen *(model building)*. Drei Prozesse sind hierbei essentiell:

1. Selektion von relevantem Material.
2. Organisieren des selektierten Materials.
3. Integrieren des vorhandenen Materials in das Vorwissen.

Tabelle 1: Lernprozess des »model-building« nach Mayer 2005, S. 41

Prozess	Beschreibung
Wörter entnehmen	Der Lerner achtet auf relevante Wörter in einer Multimedia-Message und kreiert Sounds in seinem Arbeitsgedächtnis.
Bilder entnehmen	Der Lerner achtet auf relevante Bilder in einer Multimedia-Message und kreiert (Ab-)Bilder in seinem Arbeitsgedächtnis.
Wörter organisieren	Der Lerner verknüpft selektierte Wörter, um ein kohärentes verbales Modell in seinem Arbeitsgedächtnis herzustellen.
Bilder organisieren	Der Lerner verknüpft selektierte Bilder in seinem Arbeitsgedächtnis, um ein piktorales Modell in seinem Arbeitsgedächtnis herzustellen.
Integrieren	Der Lerner verknüpft verbale und piktorale Modelle mit dem Vorwissen.

Es ist hinreichend empirisch belegt worden, dass es signifikante Unterschiede der Präsentation von Informationen in Form eines Textes oder einer Text-Bild Relation gibt (Brünken/Leutner 2008, S. 554). Die Text-Bild Relation ist Teil einer »dual kodierten mentalen Repräsentation des dargestellten Sachverhaltes« (ebd.). Empirische Studien beweisen, dass diese dual-kodierte Informationsrepräsentation einer einfach kodierten überlegen ist. Ebenso konnte gezeigt werden, dass bei der Präsentation von Text und Bild eine audiovisuelle einer nur visuellen Präsentation überlegen ist (ebd., S. 554).

Jedoch muss man hier auch die »besonderen Anforderungen, die der Wissenserwerb mit solchen Informationen an den Lerner stellt« (ebd.), beachten – der Lerner muss die verschiedenen Repräsentationsformen verstehen und darüber hinaus die Kohärenzbildung vornehmen können (vgl. ebd., S. 555).

Das Problem beim Lernen mit Medien ist vor allem das »Verhältnis von Anforderungen an die Informationsverarbeitungskapazität durch die mediale Informationsrepräsentation« (ebd., S. 557). Die begrenzte Kapazität des Arbeitsgedächtnisses hat zur Folge, dass »zu einem bestimmten Zeitpunkt [...] nur eine bestimmte Menge an Informationen gleichzeitig verarbeitet werden [kann]« (Brünken/ Leutner 2008, S. 556 f.). Für einen erfolgreichen Lernprozess ist entscheidend, wie die – auf Seiten des Lerners – verfügbare Verarbeitungskapazität genutzt wird. Um dies zu beurteilen ist es zunächst erforderlich, mögliche Quellen kognitiver Belastung beim Lernen vorab zu antizipieren (Brünken/Leutner 2008, S. 557):

1. *intrinsic load*: Die zu lernenden Inhalte selbst unterscheiden sich hinsichtlich ihrer Komplexität. Hier besteht ein enger Zusammenhang zum Vorwissen des Lerners.
2. *extraneous load*: »Die Art und Weise der Informationsrepräsentation« ist besonders interessant im Hinblick auf die »Gestaltung von Medien [...], geht man doch hier davon aus, dass dieselben Lehrinhalte bei unterschiedlicher Präsentationsart in unterschiedlichem Ausmaß kognitive Belastung verursachen«.
3. *germane load* (Prozess der Informationsverarbeitung): »umfasst alle Prozesse der mentalen Repräsentation der zu lernenden Inhalte«.

Zusammengenommen wirken der *intrinsic load*, der *extraneous load* und der *germane load* additiv. Sie haben jedoch eine unterschiedliche »Beziehung zur Effizienz des Lernprozesses« (Brünken/Leutner 2008, S. 557). Während der *intrinsic load* zwar »notwendig aber instruktional nicht wirklich beeinflussbar« ist, beeinflusst der *extraneous load* den »Wissenserwerb negativ« – der *germane load* »hingegen positiv« (ebd.). Daraus lässt sich schließen, dass die kognitiven Anforderungen an die genannten kognitiven Bereiche nicht die Kapazitäten übersteigen dürfen (vgl. ebd.).

Die Wahl und Präsentation des Materials sowie die Aufgabenstellungen sollten also sehr deutlich auf diese Prozesse abgestimmt sein, um ein aktives Lernen zu ermöglichen.

Ganz einig ist sich die Wissenschaft über die exakten Auswirkungen medialer Repräsentationsformen nicht. Da wir als Lehrpersonen jedoch einen unmittelbaren Handlungszwang verspüren, müssen einige Dinge klar sein:

KONKRET

Die Aufgabe der Lehrperson besteht bei der Aufbereitung crossmedialen Lernmaterials darin, …

– individuelle Eingangsvoraussetzungen und Vorwissen zu diagnostizieren.

– eine sinnvolle didaktische Aufbereitung der Inhalte zu gewährleisten.

- zu eruieren, wo in der Konzeption der Lerneinheit Überlastungen des Arbeitsgedächtnisses auftreten könnten.
- zu überlegen, wie Lernsettings über unterschiedliche Lernwege so verändert werden können, dass eine Überforderungssituation minimiert wird.
- den Lerner durch gute Aufgabenstellungen so zu begleiten, dass er selbstständig langfristig in der Lage ist, eine Kohärenzbildung hinsichtlich der Medienverbünde vorzunehmen.

Individualisierte und differenzierende On-/Offline-Kurse

Die Differenzierung beschreibt

»alle Maßnahmen schul- und unterrichtsorganisatorischer Art, die zur Förderung von Schülern, deren unterschiedlicher Neigungen, Begabungen, Interessen, Schwächen und Stärken unter Berücksichtig des jeweiligen Entwicklungsstandes, ergriffen werden [...]« (Saalfrank 2008, S. 66–67).

Dies impliziert die Individualisierung des Lern-Prozesses. Aus den bereits oben ausgeführten Untersuchungen zu den kognitiven Voraussetzungen wird klar, dass die Konstruktion von Wissensbeständen individuell geschieht und vor allem auf das Vorwissen zurückgreift – dies gilt auch und sogar insbesondere beim Umgang mit Medien, die einen weiteren Faktor in Bezug auf Disparitäten mit in den Unterricht bringen.

»Ein Unterricht, dessen Gestaltungsprinzip darauf abzielt, Individualisierung auf vielfältige Weise zu fördern, und zwar auf Lernertrag und Lernmöglichkeiten, ist schülerorientiert, da der Schüler im Zentrum der Bemühungen des Lehrenden [...] steht.« (Saalfrank 2008, S. 67)

So muss im Umgang mit Medien beispielsweise darauf geachtet werden, individuelle Faktoren zu berücksichtigen. Hierbei sind zum Beispiel »attentative Prozesse [...] in hohem Maße abhängig vom Vorwissen der Lernenden« (Horz 2009, S. 112). Einerseits haben z. B. Filme und Animationen zwar »eine positive motivationale Wirkung« (ebd.), führen aber nicht zwangsläufig zu einem höheren Lernerfolg. »So wird das Betrachten von Filmen im Vergleich zum Lesen eines Textes als ›einfach‹ empfunden« (ebd.). Dies kann zu einer verminderten Anstrengung in Bezug auf eine mentale Verarbeitung des Filmes oder Videos führen, wodurch ein langanhaltendes Interesse nicht aufgebaut wird (vgl. ebd.). Es ist auch ein erhebliches »Maß an Vorwissen notwendig[,] um logische Bilder und Piktogramme sachrichtig zu interpretieren« (ebd.) – dies erfolgt in Abhängigkeit von »kulturellen Konventionen« (ebd.), die bei Unbekanntheit den Weg zur Deutung versperren. Dennoch muss versucht werden, den Lernertrag und die Lernmöglichkeiten für jeden Schüler zu maximieren. Für die Schülerorientierung ist eine innere Differenzierung notwendig: nicht nur in didaktisch-methodischer Hinsicht, sondern auch bezüglich der Wahl der Erziehungsziele. Hierbei spielt vor allem die innere Differenzierung eine große Rolle:

> »Wenn Unterricht jeden einzelnen Schüler optimal fördern will, wenn er jedem zu einem möglichst hohen Grad von Selbsttätigkeit und Selbstständigkeit verhelfen und Schüler zu sozialer Kontakt- und Kooperationsfähigkeit befähigen will, dann muß er im Sinne Innerer Differenzierung durchdacht werden« (Klafki 1996, S. 181).

Nach Bönsch (2009) gibt es verschiedene Möglichkeiten der inneren Differenzierung[2], um dem individuellen Lernen entgegenzukommen. Welche Möglichkeiten es für die unterrichtliche Interaktion und das Wissensmanagement mit den digitalen Medien gibt, zeigen Melanie Staudermann und Renate Schulz-Zander in ihrem Artikel über die ›Dimensionen unterrichtlicher Interaktion bei der Verwendung digitaler Medien‹ (Staudermann/Schulz-Zander 2012, S. 51 ff.) auf.

---

2 So erwähnt Bönsch etwa (1) stofforientierte Differenzierungsstrategien, wie die Elementarisierungsstrategie, die komplexe Sachverhalte vereinfacht, die Reduktionsstrategie, die sich auf ein exemplarisches Beispiel konzentriert, die Variabilität der Erarbeitungsmodi, die ein Transfer- und Anwendungswissen favorisiert, weiterhin gibt es die (2) lerntechnisch orientierten Differenzierungsstrategien wie die Verlangsamungsstrategie (langsamer/schneller), Wiederholungs- und Schleifenstrategien, und tutorielle Strategien (z. B. Lesementoring). Als letzten Bereich nennt er die (3) Metastrategien, die Arbeitspläne beschreiben, die nach Pflicht- und Wahlaufgaben sortiert sind und Tempo, Präferenzen und Kooperationsmodi unterscheiden.

Auf Basis von Fallstudien und Videoaufzeichnungen der SITES M2 Studie sowie der IEA Studie, analysieren sie die »Nutzung digitaler Medien im Unterricht auf der interaktiven Ebene des Wissensmanagements […]« (ebd., S. 51).

Reinmann und Mandl (2006, ebd., S. 52–53) betonen, dass das Lernen ein aktiver, selbstgesteuerter, konstruktiver, emotionaler, situativer und sozialer Prozess ist. Durch die Schaffung möglichst authentischer und komplexer Aufgabenstellungen sollen derartige Lernprozesse angeregt werden. Sie berufen sich auf den Konstruktivismus, der insbesondere das Wechselspiel zwischen Instruktion und Konstruktion betont.

In diesem Zusammenhang sind integrierte Lernumgebungen das Mittel der Wahl. Sie sollen es ermöglichen, neben »selbstgesteuertem Lernen auch interaktive Austauschprozesse zwischen den Gruppenmitgliedern mit dem gemeinsamen Ziel einer sozialen Ko-Konstruktion von Wissen [zu] forcieren« (ebd., S. 53). Die Kollaboration soll durch den Austausch unterschiedlicher subjektiver Perspektiven die Wissensproduktion fördern, die »mehr beinhaltet als die Summe der individuellen Leistungen« (vgl. ebd.). Daher hat Schulz-Zander in Rekurs auf die SITES M2-Studie »vier Formen des Lehrens und Lernens extrahiert, die in besonderer Weise die – Merkmale und Potenziale der digitalen Medien umsetzen können […]« (Staudermann/Schulz-Zander 2012, S. 53). Laut Schulz-Zander sind vor allem »individualisiertes Lernen, forschendes Lernen, kollaboratives Lernen (mit externen Partnern) und produktionsorientiertes Lernen« (ebd. S. 53) relevant für das Lehren und Lernen. Der Einsatz digitaler Medien soll ein »eigenaktiv-konstruierendes und kooperatives Lernen« ermöglichen und eine »konstruktivistisch-orientierte Lernumgebung bereichern« (ebd., S. 54).

Individualisiertes Lernen

Sowohl Albers, Magenheim und Meister (2011) als auch Staudermann und Schulz-Zander bezeichnen das individualisierte Lernen als die Möglichkeit, »individuelle Lernmoglichkeiten wahrzunehmen« (Staudermann/Schulz-Zander 2012, S. 53). Dieses Verständnis umfasst vor allem Trainings- und Übungsprogramme sowie Simulationsprogramme und Planspiele (vgl. Albers/Magenheim/Meister 2011, S. 9). Hierbei ist zu beachten, dass die Wissensvermittlung in »hohem Maße vorstrukturiert ist« (ebd.). Jedoch lassen sich durch instruktive Elemente »heterogene Lerngruppen differenziert« fördern (vgl. Staudermann/Schulz-Zander 2012, S. 53).

KONKRET

Digitale Tools bieten diese Möglichkeiten heutzutage in ungeahnter Weise. Schüler können sich z. B. bei Quizlet individuell ihre Lernprogression ansehen, eigene ›Sets‹ zum Lernen anordnen (z. B.: Vokabeln, Begriffe, Checklisten o. ä.) und sich daraufhin auf unterschiedlichste Art und Weise testen lassen. Zum Beispiel in Form eines Multiple-Choice-Tests, direktes Abfragen oder Gamification (Spiele, in denen abgefragt wird und Punkte erzielt werden). Der Faktor der selbstgesteuerten Auswahl des Lernangebotes trägt hier meiner Erfahrung nach sehr deutlich zu einer differenzierten Förderung bei, da die Schüler den Anspruch der Aufgaben selbst steuern, Erfolge erleben und auch einmal mehr wagen als in einer offenen Unterrichtssituation.

Produktionsorientiertes Lernen

Die produktionsorientierte Nutzung digitaler Medien zielt insbesondere auf die »Präsentation und Veröffentlichung von Arbeitsergebnissen in multimedialer Form, z. B. im Web 2.0« (Staudermann/Schulz-Zander 2012, S. 54) ab. Es können Fotos oder Filme, Flash-Animationen, 3D-Gestaltungen (z. B. Modelle) oder 2D-Gestaltungen erarbeitet werden. Hierbei erwerben die Schüler nicht nur instrumentelle Fähigkeiten, sondern auch eine »erweiterte Schreibkompetenz« (ebd.) – wie etwa durch eine Dokumentation, Aufbereitung und Reflexion des Vorhabens. Die Zielsetzung der Produktentwicklung kann sich auf verschiedenen Ebenen abspielen: für die klasseninterne, schulische oder externe Nutzung (ebd.). Das produktorientierte Arbeiten birgt oft den Vorteil hoher Motivationskurven (vgl. Albers/Magenheim/Meister 2011, S. 9).

KONKRET

Die produktionsorientierte Arbeit mit digitalen Medien ist einfach geworden. Fotobearbeitung, Filmschnitt, Auswahl von Audioschnittmarken o. ä. sind vielen Programmen inhärent, sodass z. B. bei digitalen Präsentationen ein crossmediales Lernsetting mit wenig Aufwand geschaffen und genutzt werden kann. In meiner eigenen siebten Klasse habe ich mit Hilfe einer digitalen Präsentationssoftware namens *Emaze* im Fach Englisch *one minute presentations* zum Thema ›My Sport‹ vorbereiten lassen. Die Schüler hatten dafür zwei Unterrichtsstunden Zeit (inkl. der Verschriftlichung). Die Ergebnisse waren trotz einer sehr heterogenen Lerngruppe beachtlich. Selbstverständlich wurde der reine Textanteil geringer, da Bilder, Ausschnitte von YouTube-Videos o. ä. in die Präsentationen integriert wurden, dies hatte aber einen positiven Effekt auf die Volition und das freie Sprechen. Es wurde von den Kindern als bereichernd empfunden.

Forschendes Lernen

Beim forschenden Lernen ist der Lernweg »weniger vorstrukturiert als bei Lernprogrammen in klassischer Form« (Albers/Magenheim/Meister 2011, S. 9). Dennoch enthält es kollaborative Arbeitsphasen, in denen »Aktivitäten wie das Sammeln und Klassifizieren von Informationen oder das Formulieren von Hypothesen, das Planen und Durchführen von Experimenten sowie das Interpretieren von Ergebnissen stattfinden« (Albers/Magenheim/Meister 2011, S. 9). Vor allem die Ko-Konstruktion von Wissen sollte bei Vorhaben des forschenden Lernens im Vordergrund stehen (Staudermann/Schulz-Zander 2012, S. 53).

KONKRET

In einem meiner Englisch-(Grund-)Kurse habe ich für eine Unterrichtsreihe zum Thema *Globalisierung* eine Lernplattform erstellt, auf welcher die Schüler einen Materialpool, sinnvolle Links und Videos sowie einige Hinweise zur Planung der Reihe finden konnten. Ziel der Reihe war es, Blogeinträge über ein spezifisches Thema zu veröffentlichen, Querbezüge zu anderen Themen der Globalisierung herzustellen und letztlich an einem fingierten Kongress als Experte für das in der Stammgruppe erarbeitete Thema teilzunehmen. Die

Schüler verfügten über einen Chat, die Möglichkeit zu bloggen sowie kooperative Schreibdokumente und Foren. Die Schüler arbeiteten in Gruppen von 3–4 Personen gemeinsam an einem Thema, das sie in Bezug auf die Globalisierung am meisten interessierte oder auch tangierte (sofern ein Bezug zum anglophonen Raum bestand). Hierbei wurde schnell deutlich, dass die Schüler sich durch die Kooperationsmöglichkeiten (auch außerhalb des Unterrichts) auf der Lernplattform schnell in Diskussionen (in der Zielsprache) über die spezifischen Aspekte ihrer Themen und die Weiterarbeit verstrickten, begannen über den Materialpool hinaus Informationen, Texte, Links, Videos etc. eigenständig auszuwählen, zu bewerten und darüber zu sprechen, ob diese auch wirklich verwendbar seien. Diese Art und Weise der offenen Unterrichtsgestaltung brachte einige Schüler an die Grenzen ihrer Leistungsfähigkeit, zeigte ihnen jedoch, wie gewinnbringend die Ko-Konstruktion von Wissen für das Ergebnis ist.

Kollaboratives Lernen
Der kollaborative Unterricht beschreibt eine Arbeitsform, die ohne direkte Kontrolle durch den Lehrer abläuft. Schüler und Lehrer planen den Unterricht gemeinsam, sodass die Verantwortung für den Lernerfolg zwischen den Teilnehmenden aufgeteilt wird. Hierzu zählen etwa:»Projektarbeit, Theaterarbeit, Zukunftswerkstatt […]« (vgl. Saalfrank 2008, S. 79).

Interessant in diesem Zusammenhang ist vor allem das Konzept des *Wechselseitigen Lehrens und Lernens* (WELL) – in diesem Bereich werden die »Lernenden zu Experten für einen Teil des Lernstoffs« (ebd.), sodass eine wechselseitige Vermittlung zwischen den Schülerinnen und Schülern stattfindet.

»Das Lernen mit digitalen Medien bzw. mit dem Internet dient in diesem Kontext dazu, gemeinsam mit anderen zu arbeiten, Kontakte herzustellen, eine gemeinsame Wissensbasis oder geteiltes Wissen zu erzeugen. Kooperationen sollten nicht nur klassenintern stattfinden, sondern auch klassenübergreifend oder mit schulischen und außerschulischen Partnern.« (Albers/Magenheim/ Meister 2011, S. 9).

Hierbei ergeben sich vor allem Vorteile im Zusammenschluss zu »Lerngemeinschaften«, die eine »gemeinsame Wissensbasis und damit geteiltes Wissen herstellen« (Staudermann/Schulz-Zander 2012, S. 54).

KONKRET

Ein Klassiker des Deutschunterrichts ›Die Analyse‹ steht bei Schülern in dem ständigen Verdacht, etwas zu sein, das man allein niemals richtig zustande bringt. Die analoge Didaktik hat es bereits vorgemacht: Schreibgespräche, Schreibwerkstätten etc. ermöglichen es, gemeinsam im Unterricht an Texten zu arbeiten. Das hilft. Manchmal. Die digitalen Medien ermöglichen es uns heutzutage, z. B. kooperative Dokumente zu erstellen, die von mehreren Nutzern gleichzeitig bedient werden können. Ich habe im Deutschunterricht der Stufen 9–13 bereits sehr häufig kooperative Dokumente (*Etherpad, Firepad* oder *Padlet*) eingesetzt und Schüler gemeinsam an einer Analyse arbeiten lassen. Hierbei sind natürlich instruktive Elemente hinsichtlich der Gruppenaufteilung sowie eine dezidierte Aufgabenstellung und eventuell strukturelle Vorgaben im Dokument notwendig. Sind diese jedoch sinnvoll ausgewählt, entsteht eine gemeinsame Analyse von sechs Gruppen binnen einer Schulstunde. Diese können dann digital ausgetauscht und hinsichtlich der Ergebnisse verglichen und überarbeitet werden. So kann einfach eine Plateaubildung stattfinden, auf deren Grundlage weitere Unterrichtseinheiten aufgebaut werden können.

Problemlösefähigkeit
Neben den von Staudermann/Schulz-Zander (2012) & Albers/Magenheim/Meister (2011) genannten Kategorien bieten sich noch weitere wichtige Unterkategorien des Lernens mit digitalen Medien: etwa die Problemlösefähigkeit. Carsten Schulte und Maria Knobelsdorf (2011) unterscheiden in ihrem Artikel *Medien nutzen, Medien gestalten – eine qualitative Analyse der Computernutzung* vor allem zwischen dem gestaltenden und dem nutzenden User. Während sich das gestalterisch tätige Individuum in der Lage fühlt, digitale Artefakte[3]

---

3   »Digitale Artefakte sind Zustandsautomaten. Eine Eingabe wird abhängig vom Zustand des Automaten bearbeitet. Abhängig vom Zustand kann also die Eingabe mehrerer Befehle zum gewünschten Ergebnis führen oder nicht« (Schulte/Knobelsdorf 2011, S. 101).

zu überwinden, fällt es dem passiven Nutzer schwer, aktiv tätig zu werden (vgl. S. 104 ff.). Implizit rekurrieren Schulte und Knobelsdorf hierbei auch auf die Fähigkeitsselbstkonzepte von Schülerinnen und Schülern.

Wenn sich jemand als hilfloser Nutzer wahrnimmt und dann im Unterricht Fertigkeiten wie den Umgang mit Word erlernt, wird er sich danach als ›hilfloser Nutzer mit Word-Kenntnissen‹ wahrnehmen.

Es gilt, diese Problemlagen zu antizipieren und aus passiven Nutzern aktive Nutzer auch im Sinne der Fähigkeitsselbsteinschätzung zu machen. Alle Schülerinnen und Schüler sollen zu einem »aktive[n], selbstgestalterischen Umgang geführt werden, indem man bei der Nutzung von Funktionalität zunehmend auch die Struktur einbezieht und aufzeigt« (Schulte/Knobelsdorf 2011, S. 107 ff.).

Die Didaktik des Lernens in der digitalen Welt ist im Hinblick auf ihre schulpraktische Umsetzung bisher nur wenig ausdifferenziert worden. Zwar gibt es zu den einzelnen Präsenzformen (Präsenzlernen und E-Learning) etliche Veröffentlichungen, jedoch ist das *blended learning* – die Verbindung beider Präsenzformen – trotz ausführlicher Untersuchungen selten im spezifisch schuldidaktischen Diskurs aufzufinden. Im Rahmen der Hochschulforschung und der betrieblichen Fortbildung gibt es bereits viele Veröffentlichungen, die den Nutzen und die Komplexität dieser neuen Lernform (vor allem für betriebliche

Fortbildungen) aufzeigen, jedoch haben Schulsysteme andere Rahmenbedingungen und müssen entsprechend anders auf die neuen Lernformen reagieren. Im Rahmen der Anschlussfähigkeit der Schüler muss es jedoch geschehen, da sonst Handicaps für die Schüler erzeugt werden.

Bernd Dewe und Peter Weber haben bereits 2007 eine »Einführung in moderne Lernformen« verfasst. Es ist bezeichnend, dass der theoretische Diskurs in Bezug auf moderne Lernformen bereits lange geführt wird, jedoch kaum einen Einfluss auf die Unterrichtspraxis hat. Dies liegt vor allem darin begründet, dass eine professionelle Umsetzung vonnöten ist. Die Schulen müssen einen Personal- und Organisationsentwicklungsprozess anschieben.

»Keine neue Lernkultur kann sich ohne eine Personal- und Organisationsveränderung etablieren. Die Umstrukturierung ist deshalb notwendig, da mit einer nachhaltigen Umsetzung von Blended Online Learning Funktionen und Abläufe in einer Organisation umstrukturiert werden.« (Dewe/Weber 2007, S. 93)

Man muss dies im Rahmen der Schule aber nicht als einen völligen Umbruch in der Lernkultur verstehen. Es werden lediglich Fernlehrelemente und Präsenzlehre ineinander verschränkt (ebd., S. 94). Hierbei können die Lehrerinnen und Lehrer auf bewährte Methoden und Differenzierungsmaßnahmen zurückgreifen.

»Damit verändern sich die Bildungsstrukturen, weil das neue Werkzeug ›Kommunikationsmedien‹ eine funktionale Erweiterung auf Basis der multi- und telemedialen Gestaltung und der Lösung von lokalen Raumstrukturen beim Lernen ermöglicht.« (ebd.)

Als Dewe und Weber ihre Untersuchung schrieben, konnten sie nur erahnen, dass mit dem Einzug der leistungsstarken Smartphones, der Smartboards oder der verbesserten PC-Ausstattung in diesem Jahrzehnt die Entstehung zweier Lernorte eine viel signifikantere Rolle spielen würde, als es zu erwarten war. Der digitale Lernraum und der Präsenzunterricht befinden sich heutzutage bereits in einem Klassenraum – es bedarf nur einer sinnvoll gewählten Schnittstelle, um sie zu verbinden. Schnittstellenlösungen gibt es bereits in vielfältiger Art und Weise. Der anglophone Raum hat die digitalen Lernformen bereits lange entdeckt, sodass zahlreiche Schulen bereits standardmäßig digitale Tools und Plattformen benutzen. Viele – allerdings kostenpflichtige – Plattformen bieten bereits die Funktionen des *blended learning* an. Schule hat die Aufgabe, diesen Herausforderungen der Wissensgesellschaft gerecht zu werden. Auch die Bildungs- und Kultusministerien beobachten die Entwicklungen seit Längerem und versuchen durch die Einführung digitaler Lernmedien in die kompetenzorientierten Lehrpläne eine Basis für den Umgang mit dieser nicht mehr wegzudenkenden Kulturtechnik zu schaffen.

Blended learning – Analoge und digitale Kompetenzen sinnvoll verbinden

In großen Teilen der Fachliteratur geht man noch davon aus, dass Einzelmedien voneinander zu trennen sind. Diese Sichtweise verfolgt vor allem das Ziel, es den Schülerinnen und Schülern zu erleichtern, Einzelmedien zu verstehen und zu analysieren. Dieses Mittel folgt jedoch eher dem Duktus der didaktischen Reduktion als dem der didaktischen Transformation. Wenn sich das Wissen über Medien und Unterrichtsinhalte langfristig in den Köpfen der Schüler als integrativer Bestandteil verankern soll, muss umgedacht werden. Im Folgenden soll anhand der erarbeiteten Erkenntnisse ein Intermedialitätsmodell für den Unterricht dargestellt werden, das zum Ziel hat, die nicht mehr aufzulösenden Verweiszusammenhänge zu formulieren und die dominanten Operationen[4] modellhaft zu skizzieren und in einen Zusammenhang mit der Formulierung medialer Kompetenz bzw. dem Konzept eines gesellschaftlich handlungsfähigen Subjekts zu bringen (vgl. Abbildung 10).

Ein besonderes Augenmerk ist hierbei, dass die »Erfahrung von Mediendifferenz [...] nicht auf einen kognitiv analytischen Zugang beschränkt« (Bönninghausen 2010, S. 511) wird, sondern einen Zugang bietet, der sinnlich nachvollziehbar ist. Dies erfordert von den Schülerinnen »ein Höchstmaß an genauem Lesen, Sehen, Hören, das nur über ein interdisziplinäres Instrumentarium möglich ist [...]« (ebd., S. 512).

---

4 Angelehnt an: Bönninghausen (2010), Tulodziecki (2011), Rupp (1997).

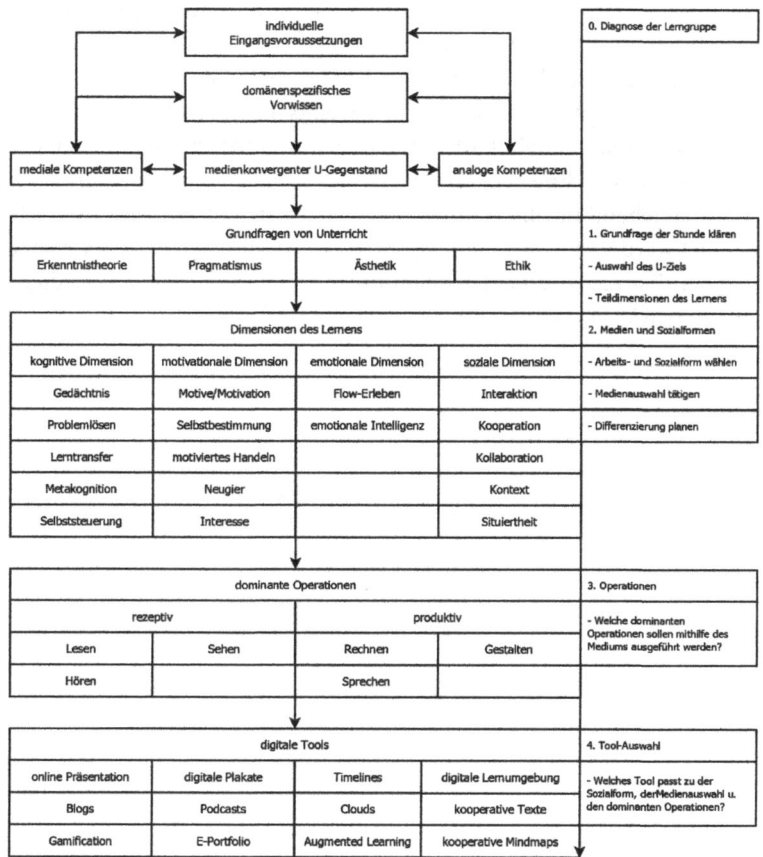

Abbildung 10: Schema zur Vorbereitung der Auswahl digitaler Tools für ein Unterrichtsvorhaben

Durch die Grenzüberschreitungen in der Kontrastierung der Einzelmedien sollen »konventionelle Interpretationsmuster« gesprengt werden. Die »multiplen Rezeptionsmöglichkeiten eröffnen Spielräume für ein assoziatives Verstehen, das auch auf wirkungsbezogene emotionale Komponenten aufbaut« (ebd., S. 513).

Ein guter digitaler Unterricht ist und bleibt genau das, was ein guter (Präsenz-)Unterricht auch ist und schon immer war – intentional, motivational, gut arrangiert, fachlich fundiert, effizient und variabel in der Nutzung der Methoden und Medien. Die Rahmbedingungen bei der Planung von Unterricht lassen sich auch bei der Planung digital unterstützter Unterrichtseinheiten in Anlehnung an das Berliner Didaktik Modell (Heimann/Otto/Schulz 1962) darstellen. Die vier Entscheidungsfelder des Berliner Modells können als maßgebend für die Planung digitaler Unterrichtseinheiten bezeichnet werden, um eine widerspruchsfreie Wechselwirkung der einzelnen Planungselemente (Intentionen, Themen, Verfahren, Medien) zu gewährleisten.

Acht Merkmale eines guten digitalen Unterrichts

Die nachfolgenden Fragen sind keiner Hierarchie unterworfen, sondern müssen je nach Unterrichtssituation individuell unter- oder übergeordnet werden.

1. Beachte ich die Vorgaben der Richtlinien und Lehrpläne?
   - Machen Sie sich selbst und den Schülerinnen klar, dass digitale Medien auf Grundlage der Richtlinien mit in den Schulbetrieb gehören.
   - Sichten Sie die Lehrpläne Ihres Faches und überlegen Sie, wie Sie die Schüler Schrittweise an komplexe Medieninhalte heranführen.
   - Vermeiden Sie die direkte Konfrontation der Schüler mit komplexen, digitalen Lernsettings.
2. Habe ich die Lerninhalte medial gut aufbereitet?
   - Arbeitsgedächtnis = begrenzte Kapazität: Berücksichtigung der Aufbereitung der Materialien notwendig.
   - Berücksichtige ich den *intrinsic load?* (tatsächlich zu lernende Inhalte = Menge der Informationen, die im Langzeitgedächtnis abgespeichert werden; Aufgaben zerlegen, in Chunks teilen etc., informelles Vorwissen nutzen)
     - Habe ich die Inhalte hinsichtlich ihrer Komplexität analysiert und gekennzeichnet? Berücksichtige ich das Vorwissen der Lerngruppe? Habe ich die Aufgaben und Materialien in sinnvolle, der Lerngruppe angemessene Chunks zerteilt?
   - Berücksichtige ich den *extraneous load?* (Je einfacher es ist, Informationen aus dem Lernmaterial zu gewinnen, desto kleiner ist der extraneous load = mehr Kapazität in anderen Bereichen)
     - Wie stelle ich die Informationsrepräsentation dar? – gibt es z. B. unterschiedliche Präsentationsmöglichkeiten desselben Inhalts? Nutze ich die Verringerung oder Vergrößerung der Komplexität einer Informationsrepräsentation sinnvoll?
   - Berücksichtige ich den *germane load?* (Aufwand der konkreten Wissensgewinnung = Wie schwer ist etwas zu verste-

hen? – Hier soll viel freigehalten werden, um Lernprozesse zu ermöglichen; Erzeugen automatisierter Prozesse)

- Prozess der Informationsverarbeitung: umfasst alle Prozesse der mentalen Repräsentation der zu lernenden Inhalte

- Ziel = *extraneous load* (= Vereinfachung des Lernmaterials, Präsentationsform: z. B. nur Text oder nur Diagramm anstatt zusammen; Beispiele vorzeigen/rechnen/sprechen) verringern, um mehr Platz für den *intrinsic load* (Umfang der Information) und *germane load* (Bewältigen der Schwierigkeitsstufen der Aufgaben) zu schaffen.

3. Worauf muss ich bei digitaler Klassenführung achten?

- Achten Sie auf die ethischen Grundlagen der Schule. Überlegen Sie, welches Sozialverhalten auch Online eingehalten werden soll und thematisieren Sie dies vorher im Kurs.
- Legen Sie die Regeln schriftlich fest.

4. Welche Ziele und Aufgaben verfolge ich im Verbund von Digital- und Präsenzunterricht?

- Legen Sie in der Reihenplanung auf Grundlage ihrer didaktischen Analyse fest, wann der Einsatz welcher Medien sinnvoll und gewinnbringend ist.
- Was sind (Teil-)Lernziele in Bezug auf analoge und digitale Kompetenz?
- Eruieren Sie, welchen Mehrwert der Einsatz von digitalen gegenüber analogen Techniken der Erarbeitung oder Sicherung jeweils hat.

5. Wie kann ich Ergebnisse sichern oder vergleichen?

- Speichern Sie selbst oder lassen Sie ihre Schüler Ergebnisse online speichern. Laden Sie Ergebnisse und Tafelbilder oder Präsentationen hoch. Lassen sie von den Schülern Produkte erstellen.
- Lassen Sie die Schüler Diagramme, Zeitleisten, Präsentationen, Blogs, Audiofiles/Podcasts, Videos und kollaborative Dokumente etc. im Netz erstellen und in einem geschützten Kursraum oder einer Cloud hochladen.

6. Beachte ich die Rahmenbedingungen der Schule?

- Bedenken Sie Dinge wie Handyverbote, WLAN-Zugänge, Computerräume, Laptop/Netbook – oder Tablet-Klassen.

7. Welche Voraussetzungen haben meine Schüler? Welche Voraussetzungen bringe ich mit?
   - Eine der wichtigsten Vorbedingungen sind die individuellen Eingangsvoraussetzungen der Schüler – Sie sind Profi in der Ermittlung dieser Vorbedingungen, lassen Sie sich nicht von der reinen Bedienkompetenz der Schüler täuschen und eruieren Sie, welche Kompetenzen die Schüler haben und welche auf Grundlage der Curricula noch in den Lernprozess eingewoben werden müssen.
8. Wie sichere und überprüfe ich die Qualität der schulischen Lernplattform oder meines Medieneinsatzes?
   - Lassen Sie die Qualität ihrer *blended learning*-Einheiten durch die Schüler bewerten.
   - Nehmen sie positive und negative Kritik auf und nutzen Sie selbige für die langfristige Optimierung.

2 Grundlagen des Lernens und Lehrens in der digitalen Welt

In Bildern denken

»Die Realität ruft Bilder hervor und das Bild verleiht der Realität Gestalt.«
Alexis Jenni: Die französische Kunst des Krieges. München 2012, S. 67

Als ein permanent mit Fotos befasster Mensch, fällt es mir leicht, in Bildern zu denken. Zudem leben wir ja in der Zeit des Bildes. Das Problem ist wohl, dass sich viele immer in der des Wortes befinden. Aber Wörter sind auch Bilder (vgl. Jakobsen 1995). Darum liegt es auf der Hand, dass wir hier in Bildern beschreiben, wie wir Unterricht, Schule und Lernen wahrnehmen. Ebenso haben wir unsere didaktischen Ideen ganz natürlich in Bildern entwickelt.

Die hier vorgestellten Bilder und Metaphern regen zum Weiterdenken an. Sie sind nicht fertig.

Bilder und Metaphern für Unterricht, Schule und Lernen
Die Schul- und Studienreformen des letzten Jahrzehnts haben unmittelbar Einfluss auf den Unterricht und die Schule als solche genommen. Schülerinnen haben ihr Lernverhalten verändert. Wir entdecken oftmals, besonders in den Abschlussklassen, eine Arbeitsform, die wir als Dartspiel bezeichnen. Dieser möchten wir gerne das Bild der Pizza entgegenstellen.

Dartspiel
- 501 Punkte herunterspielen
- Am Ende eine besondere Aufgabe (Double)
- Monotones Üben nötig
- Talent nötig
- Ggfs. bei Fehlwürfen kurze Neuberechnungen und Neuplanungen, um ans Ziel zu gelangen
- Möglichst viele hohe Treffer, dann weniger Aufwand
- Ziel: möglichst schnell und effektiv zum Ende kommen und das Ziel erreichen
- Keine Ästhetik
- Schule, Unterricht und Lernen sind Mittel zum Zweck

Pizza
- Es ist egal, wo man anfängt zu essen
- Man isst immer alles auf einmal
- Immer sind es mehrere Schichten, die den Geschmack ausmachen
- Man gelangt nur vom Rand in die Mitte

- Manchmal ist es zuviel und man lässt das Zentrum liegen
- Ziel: langsam und doch effektiv zur Mitte zu kommen und möglichst viel wahrzunehmen
- Viel Ästhetik
- Schule, Unterricht und Lernen bieten die Möglichkeit, Vielfalt, Kombination und Kreativität wahrzunehmen und zu entwickeln.

Unser Ziel ist selbstredend. Natürlich wollen wir, dass Schüler vom Lernen das Bild der Pizza haben, das wir übrigens Franz-Josef Röll aus einem Seminar 2016 verdanken. Jedoch hat die Digitalisierung der Welt zurzeit etwas anderes ausgelöst. Eine ihrer Verheißungen ist, dass alles schneller wird. Das trifft zu und doch haben wir den Eindruck, dass alles auf der Stelle tritt und kaum ein Fortschritt merkbar ist.

Seilchenspringen

Für uns ergibt sich so das Bild des Seilchenspringens. Es ist hoch dynamisch, man kann viele Variationen einbauen. Es fördert die Beweglichkeit und erhöht die Kondition und doch – der Lernende tritt auf der Stelle.

Hartmut Rosa (2014) postuliert, dass sich in der Beschleunigungsgesellschaft in Wahrheit ein tief greifender struktureller und kultureller Stillstand verbirgt (vgl. S. 16). Also, ein hochaktives und episodenhaftes oder sequentielles Seilchenspringen.

Das ist deckungsgleich mit den Beschreibungen von Schülerinnen. Auch sie erleben oftmals keinen Fortschritt. Unterricht aber soll aufzeigen, wohin es geht und wie weit wir schon sind. Schüler müssen erleben, dass sie voranschreiten.

Das offene Fenster

Ein weiteres Bild liefert uns das Alte Testament der Bibel. Der Prophet Daniel hatte in seinem Haus ein Fenster nach Jerusalem (Daniel 6, 11). Dieses öffnete er regelmäßig und betete in Richtung Jerusalem.

Uns gefällt dieses Bild, ein offenes Fenster zu haben. Ein allseits bekannter Softwarehersteller nennt sein Betriebssystem sogar *Fenster*. Wir nehmen diese Metapher auf und übertragen sie auf das Lernen und Lehren.

Lehrer sollten stets eine Offenheit für die Verheißung des Lernens haben. Und Schülerinnen eine Offenheit, um über das Hier und Jetzt hinauszuschauen. Es geht um eine Perspektive, die über den Klassenraum hinausgeht.

Es ist die Rede von einer Offenheit für die Eigenart des Lernens eines jeden Einzelnen, die individuelles Lernen ermöglicht, einer Offenheit für die Ferne der Ziele, denn Lernen sollte mit Sehnsucht behaftet sein. Und zum Schluss, einer Offenheit für die Ausschnitte, die den Einzelnen beim Lernen interessieren, fesseln, ablenken.

In diesem Sinne ist für uns Lehren und Lernen in der digitalen Welt ein offenes Fenster.

Vor und Zurück

oder von Polydamas lernen
Wie betrachten wir die Inhalte, die wir recherchieren oder lernen? Funktional, praktisch und auf eine Sache bezogen? Oder können wir sie auch in andere Kontexte einordnen und in diesen zur Anwendung bringen?

In der griechischen Mythologie gibt es die Figur des Polydamas. Er war in derselben Nacht wie Hektor geboren, und man sagt, dass er sehr klug sei, ja, dass er vor und hinter sich sehen konnte. Im Gegensatz zu dem doppelköpfigen Janus, der für zwei Pole steht (Anfang und Ende), ist Polydamas jemand, der im wahrsten Sinne des Wortes umsichtig ist. Jemand, der, obwohl er fokussiert ist, trotzdem die Augen offen hält und sich fragt, was es sonst noch zu sehen, zu bedenken, zu lernen, zu erleben gibt.

In Bezug auf das Wissen und die Informationen ist mit »polydamisch gedacht« das umsichtige Kreuz-und-quer-Schauen, -Hören, -Denken gemeint.

 Woher kann der Lernende Informationen erhalten?
- Die Ressourcen entdecken
  - Über welche Wissens- und Informationsressourcen verfüge ich bereits?
- Das Netzwerk wahrnehmen
  - Wen kann ich im Netzwerk ansprechen, wer ist Spezialist, wer weiß denn so was?

 Wofür kann ich das Wissen nutzen?
Der praktische Transfer der Theorie. Der übertragende und vervielfachende Einsatz des Wissens
- Wem kann »mein« Wissen nutzen?
- Die Multiplikation des Erlernten
- Die Bereitschaft zur Bereitstellung des Wissens
- Wo kann Wissen platziert werden?

Polydamas ist für die heutige Lernkultur ein Vorbild, weil er weit- und umsichtig war.

Vielfalt der Lernkonzepte und Didaktiken

Lernen in der digitalen Welt ist vielfältig und virulent. Es ändert sich, erweitert sich und verlangt sich selbst zu entwickeln. Darum ist es für Lehrerinnen wichtig, sich keine didaktischen, konzeptionel-

len oder methodischen Selbstbeschränkungen aufzuerlegen, sondern die Möglichkeiten der Vielfalt zu entdecken und einzusetzen. Es gilt, den Spaß und die Freude an den mannigfaltigen didaktischen Möglichkeiten zuzulassen und auszuprobieren, zu versuchen, zu experimentieren. Konzepte und Didaktiken kann man mischen und manchmal muss man sie auch vermengen.

Kommunikationsprozesse und digitale Sozialisationsaufgabe der Schule

Internet ist ein Gestaltungsraum

Im letzten Jahrzehnt sind wir überschwemmt worden mit neuen Kommunikationsmitteln. War das Internet zunächst ein Einwegsystem, wie das Fernsehen oder Radio, dass wir nur rezipieren, aber nicht gestalten können, ist es heute ein realer Kommunikationsraum, in dem viele gestalterische Möglichkeiten vorhanden sind.

Über die sozialen Netzwerke können wir grenzenlos mit anderen Menschen in Kontakt treten, zu denen wir analog keinen Zugang hätten. Das birgt Belastungen und Gefahren in sich, wie es Vorteile von noch nicht vorstellbarem Ausmaß generiert. So trugen sie ihren Teil bei, als etwa die Aufstände in Nord-Afrika und Nahost dazu führten, dass demokratische Bewegungen sich vernetzen. Jüngste Entwicklungen in Europa und den USA zeigen jedoch auch, dass vor allem die sozialen Medien als Propaganda-Instrument missbraucht werden und illiberale Werte wie Rassismus, Homophobie und Frauenfeindlichkeit schnell und unkontrolliert verbreitet werden. Kinder und Jugendliche müssen folglich auf diese Art von Beeinflussung vorbereitet werden, um die Grundwerte der Demokratie auch im Netz vertreten zu können.

Unterricht besteht aus gestalteten Kommunikationsprozessen

Die Anwesenden verfolgen Interessen und Intentionen, sind nicht freiwillig vor Ort, haben konkrete Aufträge. Ohne diese Parameter würden sie sich wahrscheinlich nicht in einem Klassenraum zusammenfinden. Es gibt Ordnungen für die jeweiligen Lerngruppen und Schulregeln, mit denen die soziale Interaktion organisiert wird.

Netiquette

Solche Kommunikationsregeln gibt es auch für das Internet. Dort werden sie »Netiquette« genannt. Ganz praktisch empfehlen wir, solche Regeln anzuschauen und für die eigene Schule gemeinsam mit den Schülern zu entwerfen. Dann müssen sie per Homepage kommuniziert, in die Schulanmeldung mit aufgenommen werden. Unsere Erfahrung sagt, dass sich damit das Schülerverhalten im Internet nachhaltig verändert.

Neues neu denken – Digitalität aushalten, nutzen, einbauen und gestalten

Auf eine Besonderheit der Digitalität müssen wir unbedingt hinweisen. Wen nervt es nicht, wenn sein Gegenüber mitten im Gespräch auf sein Smartphone schaut, das Gespräch mit uns verlässt und für Sekunden oder länger woanders ist?

Schulen reagieren auf dieses Verhalten und aus vielen anderen Gründen mit »Handyverbot«. Es ist nachvollziehbar und zugleich verursacht es ein elementares Problem. Das Handyverbot kann die Verdichtung von Zeit nicht außer Kraft setzen. Auch offline befinden wir uns in der digitalen Welt. Sie läuft weiter und die Ereignisse darin auch. Auf Dauer werden wir Lösungen finden müssen, die diesen Verflechtungsketten, in denen sich Schülerinnen befinden, gerecht werden. Das Aussetzen des Onlinebetriebes und die damit verbundene Rückversetzung in eine lineare Zeitvorstellung werden nicht ausreichen.

> Die Synchronizität, die Informationen generiert,
> uns mit einem offenen Raum verbindet
> und dabei Stress verursacht, ist Teil
> und Signum der neuen Welt.
> Verbote regulieren das nicht!

Schüler brauchen erfahrene Vorbilder, die ihnen vorleben, wie sie damit angemessen und kompetent umgehen. Sie brauchen Lehrer, die ihnen zeigen, wie sie es als Erwachsene handhaben, wie sie analog im Klassenraum präsent sind und gleichzeitig mit Routine und souveräner Gelassenheit teilhaben an der digitalen Außenwelt.

Für uns ist die Digitalisierung an Schulen kein Selbstzweck. Sie eröffnet Chancen für innovative Ansätze des Lehrens und Lernens. Das digitale Lernen ermöglicht, der Vielfalt der Schüler bes-

ser gerecht zu werden, indem Lehr-
angebote zeitlich und räumlich
flexibel gestaltet werden und
ein differenziertes Lern-
angebot entwickelt wird.
Außerdem leistet die Digitalisierung einen Beitrag
zu mehr Bildungsgerech-
tigkeit, weil sie sich für neue
Zielgruppen öffnet. Die Digitalisierung gilt es so zu gestalten, dass für
die Nutzenden ein spürbarer Mehrwert erkennbar ist.

KONKRET

Keineswegs gehen wir davon aus, dass die gesteuerte Einführung und
Verankerung der Digitalisierung adhoc und geradlinig zu geschehen hat. Sie stellt einen langfristigen, stets zu korrigierenden und aufwendigen Entwicklungsprozess dar, der weit über die Frage nach der Anschaffung der »richtigen« Programme und Geräte hinausgeht. Wenn es etwas gibt, was uns die digitale Welt lehrt, dann dieses, dass sie schnell, innovativ, flexibel und effizient ist. Darauf kann das Schulsystem nicht institutionell reagieren, es kann aber seine beschäftigten Lehrer und Schüler nutzen und mit ihnen gemeinsam den Prozess gestalten. Die Institution setzt die rechtlichen und ideellen Rahmenbedingungen, in denen die Akteure verantwortungsbewusst agieren können.

Lernen auf Distanz

Kommunikation auf Distanz will erlernt werden. Lernen auf Distanz bedarf eines neuen und spezifischen Kommunikations- und Sozialisationslernens.
- Erlernen von Vertrauen auf Distanz
- Regeln für den achtungsvollen Umgang mit persönlich unbekannten Personen

- »Real«-isierung des fiktiven Raumes
- Entwicklung professioneller Lerngemeinschaften (kooperatives Lernen nach Norm Green)

KONKRET

Wir wissen aus diversen psychologischen Studien (u. a. Renner/Schütz/Machilek 2005): Analoge Beziehungen, die digital weitergeführt werden, verdichten sich und werden immer tragfähiger! Oftmals ist die Internet Beziehung die Fortführung einer face-to-Face Beziehung. Diese erfahren durch die Internetkommunikation eine Ergänzung. Beziehungen werden enger und fester. Auch bei langjährigen Beziehungen erfahren Menschen über den Kommunikationsweg Internet mehr voneinander.

 Wir empfehlen: Das Einüben der Lerngemeinschaften im analogen Raum und zugleich im digitalen Netz.

 Wenn Schülerinnen auch digital gestaltet miteinander kommunizieren, lernen sie einen komplexen und geordneten Umgang miteinander im Netz und das wird ihr zukünftiges Internetverhalten positiv prägen, denn sie lernen das Netz als einen Ort kennen, in dem sie ernsthaft miteinander und voneinander lernen können, den sie also als Lern- und Arbeitsraum ernstnehmen. So lässt sich die bereits 1971 von Herbert Gerjuoy (vgl. Rosa, 2013) prophezeite Gefahr bannen, dass der Analphabet von morgen nicht der Mensch ist, der nicht lesen kann; es ist der Mensch, der nicht lernen gelernt hat.

Kooperatives Lernen nach Norm Green

Norm Green (2005) beschreibt analoge Kompetenzen. Wir erachten diese als ideal für die Vorbereitung und Übertragung auf das Lernen auf Distanz:
- Lerngruppen funktionieren, wenn sie das Gefühl der »positiven Abhängigkeit« entwickeln!
- Positive Abhängigkeit ist dann erfolgreich etabliert, wenn die Gruppenmitglieder feststellen, dass sie dadurch miteinander verbunden sind, dass sie nur erfolgreich sein können, wenn alle erfolgreich sind.

Maßnahmen des Lehrers:
- Geben Sie Aufgaben, die nicht ohne den Beitrag eines jeden Gruppenmitglieds gelöst werden können.
- Integrieren Sie einige positive Abhängigkeiten in Ihre Unterrichtsstunde. Viele Probleme, die mit Gruppenarbeit verbunden sind, lassen sich so vermeiden.

Unterstützende Interaktion
Schüler müssen Arbeit verrichten, bei der sie den Erfolg gegenseitig sicherstellen, indem sie die Ressourcen teilen und sich helfen, ermutigen und sich gegenseitig loben. Es erfolgen wichtige kognitive Aktivitäten und interpersonale Dynamik, die nur auftreten können, wenn Schülerinnen und Schüler sich gegenseitig beim Lernen unterstützen.

Maßnahmen des Lehrers:
- Erklären Sie, wie man die Aufgabe sowohl verbal als auch visuell bewältigt.
- Diskutieren Sie die Ziele, die erreicht, die Aufgaben, die bewältigt werden sollen.
- Helfen Sie den Schülern, sodass sie ihr Wissen anderen vermitteln können.
- Machen Sie am Anfang klar, dass die Schülerinnen Spaß haben werden.
- Halten Sie die Zeit knapp bemessen.

Individuelle und Gruppen-Verantwortlichkeit
Beide Ebenen der Verantwortlichkeit müssen in den kooperativen
Unterricht integriert werden.

Maßnahmen des Lehrers:
- Halten Sie die Gruppengröße klein. Je kleiner die Gruppe, desto
  größer ist die individuelle Verantwortung.
- Stellen Sie das Verständnis sicher.
- Beobachten Sie jede Gruppe und halten Sie fest, ob jedes Gruppenmitglied mitarbeitet.
- Lassen Sie die Schüler anderen vermitteln, was sie gelernt haben.
- Schaffen Sie Teambewertungen, die auf der Leistung eines jeden
  Gruppenmitglieds basieren.
- Achten sie darauf, dass Sie Aufgaben stellen, die spezielle soziale
  Fertigkeiten fordern (Führen und Leiten, Verantwortung übernehmen, Konfliktmanagement).

Bewertung des Ergebnisses

Maßnahmen des Lehrers:
- Lassen Sie Schüler diskutieren, wie sie den Prozess und das Ergebnis bewerten.
- Schülerinnen beschreiben ihr kommunikatives/soziales Miteinander.
- Lehrer veröffentlichen ihre Beobachtungen zum Gruppenprozess.
- Lehrerinnen bewerten aufgrund ihrer Expertise das Ergebnis.
- Lehrer beurteilen Gruppenprozess, Reflexion der Gruppe und
  das Ergebnis zusammmen.

Auch wenn Green vornehmlich an den Präsenzunterricht gedacht
hat, sind wir der Meinung, dass sein Ansatz ideal als Vorbereitung
für das Lernen in der digitalen Welt geeignet ist. Alle wesentlichen
Elemente eines gelingenden Miteinanders werden hier eingeübt
und erlernt. Wir halten das kooperative Lernen für eine fundamentale Bildung, mit der Schülerinnen sich in der analogen und digitalen Welt zurechtfinden und angemessen ihre Interessen vertreten können.

Der Konnektivismus – »Eine Lerntheorie für das digitale Zeitalter«

Wir gehen einen Schritt weiter, indem wir uns das Internet als »Lernmedium« erschließen und uns dem Konnektivismus zuwenden.

Der von George Siemens begründete Konnektivismus weist in seinen Prinzipien über die bisherigen lerntheoretischen Ansätze des Behaviorismus, Kognitivismus und sogar des Konstruktivismus hinaus. Er berücksichtigt die zunehmende Tendenz des Lerners hin zu informellem, vernetztem und elektronisch gestütztem Lernen. Überdies setzt er die Grundlagen des selbstgesteuerten Lernens voraus.

Eine weitere zugrundeliegende Erkenntnis ist, dass Lernen immer mehr zu einem kontinuierlichen, lebenslangen Prozess wird, der in alltägliche Arbeits- und sogar Freizeitaktivitäten eindringt und sowohl den Einzelnen als auch die Organisation und deren Verbindungen untereinander beeinflusst. Es entstehen *Communities of Practice*, persönliche Netzwerke und kollaborative Arbeitsszenarien. Wir leben längst in einer verstetigten »Non-Stop-Gesellschaft« in der alles überall gleichzeitig geschieht, um es mit Hartmut Rosa zu sagen (2014, S. 303). Dieses nimmt Siemens in seinem Konnektivismus auf.

Ausgangslage des Konnektivismus ist es, für sich ein Netzwerk an Knoten zu schaffen, die uns mit relevanten Informationen versorgen. Lernen wird verstanden als ein Prozess der sozialen und technisch gestützten Vernetzung. Dabei wird auch die Befähigung, relevante von weniger bedeutsamen Informationen unterscheiden zu können, zu einer der wichtigsten Fähigkeiten der Menschen in der Informationsgesellschaft, wobei sich diese Relevanz täglich aufgrund veränderter Umweltbedingungen ändern kann und neu bewertet werden muss. Zudem verschiebt sich die Kontrolle vom Lehrenden hin zum autonomen Lernenden.

Vernetzung geschieht über Knoten

Was aber sind die Knoten oder was stellen sie dar? Handelt es sich um Personen, um Lerninhalte?

»Verbindungen« ist eine zentrale Metapher für das Lernen. Ein Knoten ist alles, was mit einem anderen Knoten verbunden werden kann. Das können sowohl die lernende Person selbst als auch andere

Personen oder auch reguläre Quellen wie z. B. Bücher, Internetseiten oder Grafiken sein.

Lernen ist gewissermaßen der Prozess, neue Verbindungen zu anderen Knoten anzulegen und somit ein Lernnetzwerk aufzubauen. Nicht alle Verbindungen sind dabei gleich stark. Die meisten sind sogar relativ schwach.

Sie merken schon, im Konnektivismus wird der Lernansatz des »Wissen, wie« und »Wissen, was« ersetzt durch ein »Wissen, wo« (= das Verständnis darüber, wo Wissen zu finden ist, wenn man es braucht). Das Meta-Lernen (erklären) wird somit genauso wichtig wie das Lernen selbst.

Prinzipien des Konnektivismus
- Lernen und Wissen beruhen auf der Vielfältigkeit von persönlicher Auffassung.
- Lernen ist der Prozess des Verbindens von spezialisierten Knoten und Informationsquellen.
- Lernen kann in virtuellen Einrichtungen stattfinden.
- Die Kapazität, mehr zu wissen, ist wichtiger als das, was man bereits weiß.
- Das Erhalten und Pflegen von Verbindungen ist unabkömmlich, um kontinuierliches Lernen zu ermöglichen.
- Die Fähigkeit, Zusammenhänge zwischen Wissensfeldern, Ideen und Konzepten zu erkennen, ist eine Grundvoraussetzung.
- Aktualität (Brauchbarkeit, neu, verifiziert, glaubhaft, valide, nutzbar, …) des Wissens ist das Ziel eines jeden konnektivistischen Lernens.
- Entscheidungen zu treffen, ist ein Lernprozess an sich.
- Die Auswahl, was zu lernen ist, und die Bedeutung der aufgenommenen Information wird aus der Sicht einer sich ständig verändernden Realität gesehen. Was heute als richtige Antwort

gilt, kann sich morgen aufgrund von Veränderungen als falsch herausstellen.

- Denken und Emotionen beeinflussen sich gegenseitig und müssen daher beide im Lernprozess zur Bedeutungsproduktion berücksichtigt werden.
- Lernen besteht nicht nur aus dem Erwerb von neuen Fähigkeiten oder dem Verstehen eines Sachverhaltes, sondern auch aus der Motivation, über die ein Lerner verfügt, um schnelle Entscheidungen zu treffen oder sich mit Prinzipien auseinanderzusetzen.
- Lernen ist ein Prozess, bei dem verschiedene Informationsquellen und -knoten miteinander verbunden werden.
- Der Lernende kann sein Lernen erheblich verbessern, wenn er sich in ein bestehendes Netzwerk oder in eine bestehende Gemeinschaft zum entsprechenden Thema integriert.
- Es ist wichtiger zu wissen, wo man Informationen finden kann, als die Information selbst immer sofort genau zu durchdringen, da sie z. B. auch von anderen Quellen oftmals schon zusammengefasst wurde und so im Rechercheprozess schneller erschlossen werden kann.
- Der Aufbau von Konnektionen zum Erlangen von Informationen oder genauerem Verständnis führt meist zu größeren Belohnungen als das einfache Suchen. Die Pflege von Konnektionen erleichtert das Lernen.
- Lernen und Wissen erhalten eine Meinungsvielfalt. Hier ist insbesondere darauf zu achten, dass die Schüler lernen, demokratische Prinzipien auch im Netz zu wahren und zu schätzen.
- Eine Kernkompetenz für effektives Lernen stellt die Fähigkeit dar, Verbindungen zwischen verschiedenen Wissensfeldern, Ideen und Konzepten zu erkennen.
- In einem »Kreislauf der Wissensentwicklung« ist das persönliche Wissen des Einzelnen in ein Netzwerk eingebunden, das in Organisationen bzw. Institutionen etabliert wird. Dadurch wird ein großer Wissensfundus über die Institution im Netzwerk verteilt und kann so dem Einzelnen wiederum als Lernquelle dienen (*cycle of knowledge development*). Konnektivismus versucht dabei das Verständnis für beide Lernarten bereitzustellen.

- Die Intention allen konnektivistischen Lernens ist Aktualität.
- Das Treffen von Entscheidungen im Hinblick darauf, was gelernt werden sollte und wie bedeutungsvoll eine Information ist, beschreibt selbst einen Lernprozess, der von Veränderungen in der Informationsaufnahme beeinflusst werden kann.
- Lernen ist ein »Wissensbildungsprozess« und bedeutet nicht nur, Wissen zu konsumieren, sondern auch anzuwenden.

(vgl. Wikipedia, Stichwort Konnektivismus, Zugriff am 23.06.2017).

KONKRET

Wie sind funktionierende und tragfähige Netzwerke aufgebaut?

Effektive Netzwerke
- Effektive Netzwerke sind dezentral.
- Effektive Netzwerke sind verteilt.
- In effektiven Netzwerken steht die Bedeutung des Einzelnen nicht im Vordergrund.
- Ein effektives Netzwerk hebt die Unterschiede zwischen den Menschen komplett auf.
- In effektiven Netzwerken sind Inhalte und Dienste aufgeschlüsselt.
- Ein effektives Netzwerk ist demokratisch.
- Ein effektives Netzwerk ist dynamisch.
- Effektive Netzwerke sind aktiv.
- Effektive Netzwerke haben Experten.

So zu lehren und zu lernen verändert Gewohnheiten und wird Widerstände hervorrufen. Was heißt das eben Skizzierte für die Schülerinnen konkret?

 Das erfordert vom Schüler:

- *Sozialmanagement*
Der Konnektivismus geht davon aus, dass die maßgebliche Lernumgebung ein komplexes Netzwerkwerk mit vielen Knoten ist. Ein solches fluides Gebilde will »gewartet« werden. Das soll heißen, Schü-

lerinnen brauchen die soziale Kompetenz, um sich in einem Netzwerk verhalten zu können, es gestalten zu können und die anderen darin Agierenden einschätzen zu können.

Wie wir alle aus den sozialen Netzwerken wissen, stellt gerade die »soziale Netzkompetenz« zurzeit eine der größten Herausforderungen für junge Menschen dar. Schüler brauchen nicht nur die technische Befähigung, sich im Internet bewegen zu können, sie müssen auch erkennen, dass das Netz ein real existierender sozialer Raum ist mit realen Begegnungen. Ihre Interaktionen im Netz haben Einfluss auf ihre eigene analoge Welt sowie auf die politische und soziale.

KONKRET

Unseres Erachtens brauchen Schülerinnen zu Beginn Netzwerke mit Personen, die sie »analog« kennen, von denen sie visuell eine verlässliche Vorstellung haben. Sie sollten die Gelegenheit haben, ein Netzwerkverhalten einzuüben, das kohärent ist mit ihrem analogen Sozialverhalten.

Von Management ist insofern zu sprechen, weil viele Netzwerkaktivitäten auch viel Zeit in Anspruch nehmen. Wann antworte ich wem? Wo arbeite ich jetzt wie intensiv mit? Wie halte ich den Kontakt zu …? Hierzu ist eine hohe soziale Kompetenz vonnöten. Abmelden, sich wieder ins Gespräch bringen, verbindlich sein auf Distanz. Wir gehen davon aus, dass es keine Zukunft ohne Vernetzung gibt. Schüler brauchen von klein auf schulische Einführung und Begleitung sich im Netz zurechtzufinden, Netzwerke zu entwickeln und sich in diesen sozial kompetent zu bewegen.

- *Lernmanagement*
  - Was lernen?
  - Wie lernen?
  - Warum lernen?
  - → Was warum wie lernen?

Lisa Rosa spricht bereits 2013 vom: *Lernen Lernen lernen mit dem persönlichen Lernnetzwerk.*

»Gibt es eine ›digitale Bildung‹ und wie sollte sich diese von ›analoger Bildung‹ unterscheiden? Lässt sich ernsthaft von ›digitalem Lernen‹ sprechen, wenn man Lernen mit digitalen Medien meint?«, fragt Michael Kerres (2016, S. 1), Professor für Mediendidaktik und Wissensmanagement an der Universität Duisburg-Essen. Durch seine Ausführungen kommen wir zu dem Schluss, dass es sich wohl nur um Hilfsbezeichnungen handelt, die verschwinden werden, wenn die Digitalisierung und die damit verbundenen Veränderungen in der Bildungsarbeit soweit vorangeschritten sind, dass digitale Didaktiken in der Bildungspraxis selbstverständlich geworden sind.

Nein, auch wir sprechen nicht von digitaler Bildung oder digitalem Lernen. Wir meinen aber, dass Schülerinnen befähigt sein müssen, selbstständig zu lernen, und das heißt, dass sie Prozesse des Lernens selbst gestalten können müssen. Und da Schüler mehr als ein Schulfach täglich »händeln« müssen, brauchen sie Rüstzeug, wie sie was und warum lernen können. Das ist für uns eine vornehmliche Aufgabe von Schule und Unterricht.

Für uns ist das keine Frage von Lernmanagementsystemen, sondern von »Unterrichten in der digitalen Welt«. Damit meinen wir Schulunterricht, der Schüler mit der Komplexität des Lernens behutsam in Begegnung bringt, der fächerübergreifend denkt, der nachvollziehbar aufgebaut und organisiert ist, der das Lernen für die Schülerinnen transparent macht und der die digitale Welt als selbstverständlichen Ort des Lernens und Lehrens mit einbezieht.

- *Wissensmanagement*

»Ich arbeite am liebsten intuitiv!«

Wenn das so ist, dann brauchen wir unser Wissen auch nicht zu managen. Thema erledigt. Bereits Ende der 1980er-Jahre hat der Soziologe und Psychologe Max Lüscher allgemeinverständlich erklärt, dass »Intuitionen« das Zusammenspiel unseres im Gehirn gespeicherten und abgelegten Wissens sind. Ist jedoch kein Wissen für ein Fachgebiet vorhanden, dann ist intuitives Arbeiten ein solches mit einer leeren Festplatte (frei nach Prof. Rainer Sachse,

Bochum). Wissen braucht folglich Organisation, heute heißt das Management.

Damit unser Gehirn Informationen in Wissen transformieren kann, benötigt es Schlaf, denn nur dort organisiert es sich. Mindestens sechs bis sieben Stunden sollten Schüler ungestört schlafen. Dann können sie Gelerntes verarbeiten. Je nach Alter auch mehr.[5]

Zum Lernen gehören die Transferleistungen. Jegliche Form von Lernstoff bedarf der Umwandlung in die Praxis des Alltags oder die Verknüpfung mit anderen Lerninhalten. Dann können Schülerinnen leichter Wissen verbinden und organisieren.

Wir unterscheiden nach Helmut Wilke (2004) in

Implizites Wissen:
- Know-how einer Person (Erfahrungsschatz, Intuition)
- basiert auf Erfahrung, Geschichte, Praxis und Lernen
  - Person muss z. T. gar nicht wissen, dass sie dieses Wissen hat und kann darüber nur bedingt verfügen.

Explizites Wissen:
- ausgesprochenes, formuliertes, dokumentiertes Wissen
  - Person weiß um dieses Wissen, kann darüber sprechen und verfügen.

KONKRET

Damit Schüler ihr explizites Wissen wahrnehmen und einsetzen können und sich des impliziten Wissens vergewissern können, empfehlen wir den Einsatz von Portfolios für Lerneinheiten. An ihnen können Schüler nachvollziehen, wie sie was warum gelernt haben, welche Fortschritte sie gemacht haben und welche Entscheidungen sie getroffen haben. Die Nachvollziehbarkeit der Lernprozesse ver-

---

5   vgl. http://www.t-online.de/gesundheit/kindergesundheit/id_18259908/schlaf-forschung-so-viel-schlaf-brauchen-kinder.html, Zugriff am 28.06.2017 und https://www.dasgehirn.info/handeln/schlaf-und-traum/lernen-im-schlaf, Zugriff am 03.07.2017.

hilft Schülerinnen sowohl ihre Lernstrategien zu entdecken, als auch zu erkennen, welches Wissen sie sich erworben haben.

Zudem müssen Schüler kontinuierlich positiv auf ihre Wissensressourcen angesprochen und diese aktiviert werden.

– *Contentmanagement*

»Content-Management (CM) ist ein Sammelbegriff für Tätigkeiten, Prozesse und Hilfsmittel, die den Lebenszyklus digitaler Informationen in Form von Unterlagen und Dokumenten unterstützen. Ein Content Management System *(CMS)* organisiert diese Tätigkeiten und archiviert die Inhalte. Die digitalen Informationen – Text, Bild, Audio, Video – werden oft als *Content* (Inhalt) bezeichnet, sie können als Dateien vorliegen, die einzeln verarbeitet werden oder auch als zusammenhängende Dateisysteme wie Webseiten (Hypertext) oder in strukturierter Form wie in Datenbanken.« (Wikipedia, Zugriff am 25.06.2017)

Da heute Speicherplatz »kein Geld mehr kostet«, speichern wir alles, was uns über den Weg läuft. Nicht selten herrscht ein Festplattenchaos und das Wiederfinden gestaltet sich zur Glückssache.

Schüler müssen das Suchen, das Finden und Bearbeiten der Fundstücke sowie das Abspeichern gezeigt und vorgeführt bekommen. Sie müssen verschiedene Ablagesysteme (je nach Alter) kennenlernen und man muss sie unterstützen, dass sie eine gute, nachvollziehbare Struktur auf ihrem Rechner anlegen.

Kritik am Konnektivismus

»Ich gebe es zu, dass ich mit den zahlreichen unter dem ›Konnektivismus‹ firmierenden Verlautbarungen zum selbstorganisierten und vernetzten Lernen insbesondere aufgrund des damit verbundenen missionarischen Eifers (der immer gleichen Leute) skeptisch gegenüberstehe.« (Reinmann, 2012)

Dieser Skepsis wollen wir Raum geben und haben im Folgenden einige interessante Kritikpunkte aus den Konnektivismusdiskussionen aufgelistet:

- Der Konnektivismus ist keine Lernmethode, sondern lediglich eine pädagogische Sicht auf Bildung in Bezug auf den Inhalt des Lernens.
- Technologie hat nur einen Einfluss auf die Lernumgebung, wodurch die existierenden Lernmethoden ausreichen und nicht an Legitimität verlieren.

- Um nach den Konnektivismus lernen zu können, erfordert es ein gewisses Maß an Medienkompetenz.
- Konnektivismus ersetzt nicht die älteren Methoden, sondern hat sich aus ihnen entwickelt, wodurch diese essentiell sind.

Pløn Verhagen (2006), einer der Hauptkritiker des Konnektivismus, hat eingewendet, dass der Konnektivismus keine Lerntheorie sei, sondern lediglich eine »pädagogische Sicht auf Bildung«. Schließlich gibt der Konnektivismus keine Antwort auf die Frage, wie gelernt wird, sondern er beantwortet lediglich, was gelernt wird. Verhagen argumentiert, Lerntheorien sollten sich mit dem instruktiven Level befassen (wie Menschen lernen). Konnektivismus befasse sich seiner Meinung nach jedoch mit dem curricularem Level (was und warum gelernt wird). Bill Kerr (2007), ein weiterer Kritiker des Konnektivismus glaubt, dass, obwohl Technologie einen Einfluss auf die Lernumgebungen hat, die existierenden Lerntheorien ausreichend sind.

Die Kritik ist zu Teilen berechtigt. Jedoch muss nach Lisa Rosa (2013) gesagt werden, es geht sowohl um die Art und Weise des Lernens als auch um die Inhalte des Lernens. Wenn der Konnektivismus bei den Inhalten einen Schwerpunkt setzt, dann ist das sehr hilfreich.

Gabi Reinmann (2012) differenziert ihre Kritik weiter aus:
a) Es werden mehr Inhalte angeboten, als verarbeitet werden: Nun, das ist in anderen Veranstaltungen durchaus auch der Fall, wenn man Reader und Literaturlisten, Links und andere Ressourcen zusammenstellt – mir kommt das jedenfalls eher üblich vor.
b) Lernende treffen eine individuelle Auswahl und konstruieren ihren eigenen »Informationsmix«: Im Kopf der Lernenden erfolgt genau das, so würde ich behaupten, ebenfalls in jeder Seminarveranstaltung, im besten Fall auch im Hinblick auf die persönliche Gestaltung der Veranstaltungsressourcen in analoger und digitaler Form.
c) Die Inhalte überträgt jeder entsprechend seinen Zielen in eigene bedeutsame Kontexte: Seit den 1990er-Jahren gibt es verschiedene didaktische Modelle, die zum einen zielgruppenspezifische, Interesse weckende Anwendungskontexte anbieten, aber natürlich auch dazu anregen, eigene Betroffenheit herzustellen, indem man

Bezüge zu persönlichen Zielen und Anwendungsfeldern sucht. Dass mandas macht, ist also ein alter Hut, wie man es erfolgreich machen kann, wäre da schon interessanter.

d) Lernende sollen ihren Standpunkt öffentlich vertreten: Das hat man in klassischen Veranstaltungen (auch technologiegestützten) meistens nicht und das dürfte wohl als einzige wirkliche Besonderheit gelten – mit entsprechenden Vorteilen und Nachteilen.

Lernen und Leben ist dabei nicht mehr zu unterscheiden. Ich kommuniziere, also lerne, also lebe ich.

Selbstgesteuertes Lernen

Grundsätzlich basiert das Konzept des selbstgesteuerten Lernens auf konstruktivistischen Annahmen, nach denen das Lernen als ein individueller und konstruktiver Prozess angesehen wird, bei dem das Wissen im Individuum konstruiert wird und an den bereits vorhandenen Wissensstrukturen anknüpfen, wobei individuelle Erfahrungen des Lernenden berücksichtigt werden müssen.

KONKRET

Lernen wird als
- *aktiver* (»eigenaktive Beteiligung«)
- *emotionaler* (»positive und negative Emotionen«)
- *sozialer* (Kommunikation und Interaktion)
- *situativer* (»in der Lebenswelt verankert«)
Prozess angesehen.

Selbstgesteuert ist dieses Lernen dann, wenn der Lernende seinen Lernprozess *selbst organisiert* und *leitet*, sowie sein Lernen je nach Fähigkeiten und Identifikation mit dem Lernstoff an sein *individuelles Lerntempo* anpasst.

Diese Auffassung erscheint sehr stark geprägt von dem Einzelnen, der sein Lernen zunächst an verschiedenen Faktoren ausrichtet und anschließend mit anderen Kontakt aufnimmt, um zusätzliches Wissen zu erwerben.

Lehrerrolle

Wir leben in einer digitalen Welt und unsere Schüler haben durch das Internet Zugang zu Lehrern und Wissensvermittlern, die »tatsächlich in der Welt ihres Fachs leben und einen Sachverhalt richtig erklären und so vermitteln können, dass der Funke der Begeisterung überspringt.« (Riederle 2013)

Ehrlicherweise müssen wir zugeben, für ein sehr gutes Abitur steht alles dafür benötigte »Wissen« profund im Netz. Berechtigt stellt sich die Frage, die immer wieder an uns herangetragen wird: »Brauchen wir in der Zukunft eigentlich noch Lehrer?«

Aus tiefster Überzeugung antworten wir: JA! Unverzichtbar, unersetzbar, unbedingt. Sie sind nicht perfekt, das Schulsystem ist nicht perfekt, aber ganz entschieden: Kinder können ohne Lehrerinnen nicht lernen. Bei Riederle (2013) heißt es: »Wir sind ja gar nicht so selbständig; wir suchen gerne den Rat von Lehrern, wenn wir ihnen vertrauen können.« Wir brauchen in der Zukunft also nur noch Mentoren und Trainer? Weit gefehlt.

Wir brauchen Lehrerinnen, die digital fit sind und in authentische Beziehungen zu ihren Schülern treten. Die Vertrauenspersonen in fachlicher und menschlicher Hinsicht sind. Um es mit George B. Shaw (1856–1950) auf den Punkt zu bringen: »Der Nachteil der Intelligenz besteht darin, dass man ununterbrochen gezwungen ist, dazuzulernen.«

Franz-Josef Röll[6] betont eindeutig, dass die Akzeptanz bei Schülerinnen und Schülern über digital und analoge Beziehung gelingt und sonst gar nicht.

---

6 Mündliche Ausführung von Franz-Joseph Röll auf einer Tagung im Haus Villigst am 29.02.2016.

Wir benutzen gerne das Bild der Tür und Schwelle
Türen finden, wo keine sind, das heißt Zugänge finden, wo auf den ersten Blick keine sind.

Jedoch gilt, an der Schwelle stehen zu bleiben und um Einlass zu bitten. Ist Einlass gewährt oder wird man hereingebeten, dann »muss« man über die Schwelle treten.

 Schülerinnen brauchen von uns ein Angebot, damit sie uns akzeptieren können. Nur die Rolle als Lehrperson schafft keine Akzeptanz per se. Lehrer müssen als Lernende auftreten und sich darstellen. Jugendliche sind vielfach die Experten für EDV-technische Fähigkeiten (auch wenn das jetzt wieder abnimmt; sie haben aber »lebenslange« Erfahrung im Umgang mit dem Internet und den sozialen Netzwerken). Erwachsene sind die Experten mit analytischer und ästhetischer Kompetenz. Lehrerinnen finden Zugang und erlaubten Zutritt über ihre Persönlichkeit und ihre offene lernfähige Bereitschaft mit Schülern in gleichberechtigten Kontakt zu treten. Der Wissenspool, um auf Riederle (2013) zurückzukommen, liegt nicht mehr bei ihnen, sie sind keine »unantastbaren Wissensspender« mehr.

 Schüler-Akzeptanz gelingt über digitale und/oder über analoge Beziehung.

Die Lehrerrolle ist im Wandel begriffen und doch wollen wir Philipp Riederle nicht uneingeschränkt zustimmen, wenn er Mentorinnen und Trainer einfordert.

Lehrerinnen sind Experten und verfügen über viele differenzierte Kompetenzen
Dass Lehrer über Fachkompetenz verfügen, ist unbedingte Voraussetzung für gelingenden Unterricht und das Lernen der Schülerin-

nen. Was aber das Besondere ausmacht, das ist die Fachkompetenz, die gewachsen und ständig erweitert worden ist. Lehrerinnen sollten über eine Fachexpertise verfügen und ihr fachspezifisches Wissen sollte aktuell sein.

Diese an sie gerichtete Erwartung zeichnet sie aus. Denn die Aktualität ist ein Kernelement der Schülermotivation. Hier geht es nicht um reproduzierbares »altes Wissen«, das man in den Rucksack steckt oder als Heft im Schrank vergilben lässt. Es geht um sich erweiterndes, anwachsendes, sich veränderndes und stetig in der Entwicklung befindliches Wissen. Es handelt sich um Wissen, das so wichtig zur Bewältigung des Alltags ist, dass kostspielige Wissenschaft betrieben wird, um es weiter zu entfalten. Oder es handelt sich um Wissen aus dem sozialen und/oder politischen Metier, das sich durch die gegenwärtigen Ereignisse bedingt in einem steten Wandel befindet.

Diese Fachexpertise ist bei Lehrerinnen gekoppelt mit ihrer Lehrkompetenz. Sie wissen, wie man komplexes Wissen so ein- und aufteilt, dass sich daraus nachvollziehbare Strukturen ergeben, die das Erlernen des Inhalts ermöglichen.

Lehrerinnen sind Lern- und Lehrkonstrukteure
- Sie konstruieren Lernprozesse,
- teilen den Lehrstoff ein,
- sind Experten in der Reduktion von Inhalten,
- sind Transformatoren von Inhalten in Lehrstoffe,
- setzen Methoden ein,
- sind flexibel in der Lehrgestaltung,
- verfügen über Alternativen etc.

Damit dieses nachhaltig gelingen kann, verfügen Lehrer über Lern-
kompetenz. Sie wissen, wie Lernprozesse sich ereignen, verfügen über neuropsychologische Kenntnisse und können dementsprechend das Lernen gestalten und ihre Schülerinnen ansprechen. Außerdem haben sie die Erfahrung, wie sie selbst erfolgreich gelernt haben, was sie unterstützt und was bei ihnen Lernblockaden ausgelöst hat.

Eine weitere ungemein wichtige bei Lehrern vorhandene Kompetenz ist die Sozialkompetenz. Lehrer haben reichlich soziale

Erfahrung und diese reflektiert. Sie kennen den Lernnutzen von sozialen Interaktionen und wissen, wann selbstständiges, individuelles oder gemeinsames Arbeiten in der Gruppe zum Lernen unterstützend ist.

Mithin ist es heute nicht mehr ganz so leicht, sich in der vielfältigen Medienlandschaft einen Überblick zu verschaffen. Aber grundsätzlich verfügen Lehrerinnen qua Ausbildung über Medienkompetenz. Sie kennen sich aus und wissen, wie Medien Lernen unterstützen können. Sie verfügen über hinlängliche Kenntnisse, wann welche Medien eingesetzt werden können und welcher mediale Mix ratsam ist.

Die wohl schwierigste Rolle der Lehrer ist die als Beurteiler. Zensuren und Leistungseinschätzungen kann jedoch nicht ausgewichen werden. Über diese Punkte hinaus erfragen Schülerinnen von Lehrerinnen tagtäglich Bewertungen ihrer Arbeiten ab. Lehrer übernehmen hier Verantwortung. Sie gelten für ihre Schüler als diejenigen, die verantwortungsbewusste Einschätzungen vornehmen können. An diesen wiederum orientieren sich dann die Schüler, aus ihnen kreieren sie ihre Motivation.

Ein unverzichtbares Moment ist die Präsenz der Lebenserfahrung. Lehrerinnen haben relevante Lebensentscheidungen getroffen. Sie fungieren als Beratende. Sie haben viele eigene Lernerfahrungen, sie wissen, wie Beurteilungen sich anfühlen und wie man positive, wie belastende Aussagen für das Gegenüber annehmbar ausspricht.

Last, but not least, Lehrerinnen sind Ästhetikexpertinnen. Sie verfügen über die Kompetenz, im Unterricht darauf zu achten, dass die von ihnen eingebrachten Lehrmittel auch ästhetische Kriterien beinhalten. Mit der Ästhetik erhält der Unterricht eine auf alle Sinne ausgeweitete Wahrnehmungsdimension. Schülern wird vermittelt, dass auch harmonische, künstlerische, musische und andere feinsinnige Elemente zum Leben dazugehören und in die Beurteilung mit einfließen.

Lehrer sind authentische Vorbilder und präsente Persönlichkeiten. Sie können Meinungen unterscheiden, wissen, dass es auch »richtig« und »falsch« gibt und nicht alles eine Frage der Annahme, des Populismus oder des Gefallens ist. Sie sind selbst offen für eigene Lernentwicklungen und fungieren als Vorbilder für gelingenden Konnektivismus.

In all diesen Punkten ist die im Unterricht präsente Lehrkraft den digitalen Lehrverfahren haushoch überlegen und unverzichtbar. Tutorials haben zwar den Vorteil niemals endender Geduld, weil sie so oft wiederholt werden können, bis man den Inhalt nachvollzogen hat, aber sie können nicht auf den Schüler eingehen, ihn fragen, wieso er etwas nicht verstehen kann, was er braucht.

Zudem können digitale Lehrmittel Schülerarbeiten nicht anschauen, eine Rückmeldung geben und diese bewerten. Sie können nicht dialogisch erklären.

Allen Tutorials und digitale Frage- oder Testverfahren fehlt die Fähigkeit, unmittelbar auf eine Schülerin eingehen und diese wahrnehmen zu können. Ebenso können sie sich nicht mit Schülern auseinandersetzen.

Dort, wo das möglich ist, im synchronen E-Learning oder in Videochats, handelt es sich unseres Erachtens um präsentischen Unterricht an verschiedenen Orten, was die reale Gegenwart des Lehrenden erfordert.

Die Gegenwart des Lehrers und der Lehrerin ist unverzichtbar und unersetzbar. Zusammengefasst in einem Zitat von Frank McCourt (2006):

»Im High-School-Klassenzimmer ist man Feldwebel, Rabbi, Schulter zum Ausweinen, Zuchtmeister, Sänger, Stubengelehrter, Büroangestellter, Schiedsrichter, Clown, Berater, Beauftragter für die Kleiderordnung, Schaffner, Fürsprecher, Philosoph, Kollaborateur, Stepptänzer, Politiker, Therapeut, Narr, Verkehrspolizist, Priester, Mutter – Vater – Bruder – Schwester – Onkel – Tante, Buchhalter, Kritiker, Psychologe, Rettungsanker.«

Ist digitales Lehren eine zusätzliche Zeitbelastung?

Oft begegnet uns diese Frage leider nicht. In der Regel hören wir: »Das ist eine so große Zusatzbelastung, das werde ich nicht machen!«

Unsere Erfahrung ist eine ganz andere. Wir bejahen das Mehr an Zeitaufwand uneingeschränkt – für den Beginn. Wie alles, was wir neu ausprobiert, eingeführt oder verändert haben, beansprucht auch diese Art zu unterrichten zunächst einiges an Zeit. Schließlich läuft unser Tagesgeschäft normal weiter und wir sind dabei, eine Umstellung zu planen.

Zudem haben wir uns natürlich sehr gründlich vorbereitet, denn wir wollten, dass alles »funktioniert«. Auch die ersten Einsätze im Unterricht und bei Schulungen waren anstrengender. Es gab ein großes Gefälle bei den Lehrern und Schülern hinsichtlich der technischen Fertigkeiten. Wir mussten sie auf zwei Ebenen gleichzeitig betreuen, technisch und inhaltlich. Das war manchmal sehr anstrengend – ohne Frage.

Da wir aber nicht alles gleichzeitig eingeführt haben, was wir in diesem Buch präsentieren, sondern stetig uns und unsere Gegenüber weiterentwickelt haben, sind wir ganz gut vorangekommen und unser Zeitbudget wurde nicht überstrapaziert.

KONKRET

Zurzeit ist es so, dass wir in der Schule und in der Fortbildung zweigleisig fahren. Wir benutzen bewährte digitale Werkzeuge, nutzen die ersten Erfahrungen und wir erweitern den Einsatz step by step.

So können wir unsere Zeit ganz gut einteilen und die Belastung regulieren. Wir haben Geduld und Achtsamkeit mit uns selbst gelernt. Wir wissen ja, dass hier eine Aufgabe vor uns liegt, die sich stetig weiterentwickeln wird.

Mittlerweile genießen wir Zeitentlastungen:

- Unsere Materialien sind digitalisiert. Sie sind im Einsatz sehr flexibel und schnell veränderbar und anpassbar geworden.
- Unsere Pools an Fotos, Musik und anderen Medien haben sich gefüllt und sind verlässlich, sodass wir sie pflegen, aber nicht mehr ständig ergänzen müssen.
- Unsere Netzwerke sind stabil und zuverlässig. Sie haben sich sondiert und gefunden, die Geschwindigkeiten haben sich aneinander angepasst und sie funktionieren und sind strapazierfähig.
- Erstaunlicherweise hat sich unser Alltag entlastet. Wir können vieles zwischendurch regeln. Schüleranfragen bedürfen nicht immer eines Termins und einer Begegnung. Hier sparen wir richtig viel Zeit.
- Die ersten Routinen stellen sich ein. Wir haben einen guten Überblick, wie viele »Onlineprojekte« gerade laufen und wie viel wir uns davon zumuten können. Wichtig ist, dass wir alle online laufenden Aufgaben terminieren und dann auch zum Abschluss bringen.
- Als absolut zeitsparend hat sich erwiesen, dass wir alle Materialien digital zur Verfügung stellen. Wir laufen niemandem mehr hinterher, haben nicht mehr die Taschen voller Kopien. Schülerinnen wissen, wo und wie sie verlässlich die Materialien erhalten, wenn sie gefehlt haben.
- Wir müssen nicht mehr alle schülerrelevanten Dinge in der Schule erledigen, sondern können auch von anderen Orten manches gut regeln. Das beruhigt die Präsenz in der Schule ungemein. Solange es uns gelingt, gut mit unserer Zeit umzugehen und nicht dem Wahn zu unterliegen, alles sofort erledigen zu müssen, wir uns klare Auszeiten nehmen und unsere Absprachen auch selbst einhalten, hat sich das Lehren und Lernen in der digitalen Welt für uns ganz gut eingespielt. Sicherlich kommt uns dabei zu Hilfe, dass wir sehr gut Grenzen setzen können.

3 Digitale Grundlagen für Lehrer

»In Zeiten des Wandels werden die Lernenden bestehen, während die Erfahrenen bestens gerüstet sind für eine Welt, die es nicht mehr gibt!« Eric Hoffer (1902–1983)

Lehrer sind keine Technik-Muffel! 88 % benutzen ein Notebook und/oder einen stationären PC. Und über die Hälfte aller Lehrer würde gerne häufiger elektronische Medien im Unterricht einsetzen, wenn es die Schulausstattung zulassen würde. Somit stehen sie den digitalen Mitteln und Möglichkeiten positiv gegenüber. Was sie aber meiden, das sind Weiterbildungen zu digitalen Themen. Nur etwa 20 % besuchen solche Seminare. Nebst einer besseren elektronischen Ausstattung, die auch reibungslos funktioniert, wünschen sich beinahe 80 % aller Lehrer pädagogisch-digitale Qualifizierungsangebote. Sie wollen anscheinend nicht mehr über Digitalität und ihren Nutzen reden, sondern konkret didaktisch und methodisch arbeiten (BITKOM-Studie 2014[7]) und trotzdem besuchen sie solche Seminare kaum. Diesen Zwiespalt können wir zurzeit nicht auflösen.

Diese Zahlen belegen, dass Lehrerinnen konsequent zur Unterrichtsvorbereitung digitale Geräte einsetzen und das Internet nutzen. Das heißt, sie beschaffen sich so Material, Information und Medien. Sind diese nicht frei erhältlich, werden sie auch käuflich erworben.

---

7   Verfügbar unter https://www.bitkom.org/noindex/Publikationen/2014/Studien/Jung-und-vernetzt-Kinder-und-Jugendliche-in-der-digitalen-Gesellschaft/BITKOM-Studie-Jung-und-vernetzt-2014.pdf, Zugriff am 06.07.2017.

KONKRET

Netzwerke

Ideal wäre es, wenn Lehrer selbst konnektivistisch unterwegs, d.h. vernetzt, sind. Das sind aber nur wenige. An einigen Schulen gibt es kollegiale Gruppen in sozialen Netzwerken, über die Informationen und Materialien ausgetauscht werden. Aber nur wenige unterhalten überregionale und schulübergreifende Netzwerke. Da haben viele den Nutzen für sich noch nicht erkannt. Im Gegenteil, sie empfinden das als Verpflichtung und sehr anstrengend. Hier ist noch sehr viel Entwicklungspotenzial.

Aus unserer Erfahrung sind Fortbildungen ein guter Anknüpfungspunkt, ein solches Netzwerk aufzubauen. Man kann 3–5 interessierte Kolleginnen ansprechen, ob sie daran Interesse haben. Dann überlegt man, wer sonst noch wichtig für das Netzwerk ist. Die Homepages der wichtigsten Fachverlage als Grundlagenquelle, welche Neuerscheinungen relevant sind, die *open educational resources*-Plattformen mit Unterrichtsmaterialien, als Fachexpertise können Fachleiter angesprochen werden. Dann ist schon ein ausreichend fundiertes Netzwerk aufgebaut. Hat man ehemalige Schülerinnen, die fürs Lehramt das eigene Fach studieren, eignen sich diese optimal, weil sie als Input das neue universitäre Know-how einspeisen und selbst von Ihrer Praxis profitieren.

So könnte ein kleines, übersichtliches und gut funktionierendes Netzwerk aussehen.

Digitale Fähigkeiten

Lehrer haben gute Kenntnisse über ihre digitalen Fähigkeiten und können diese in der Regel gut selbst einschätzen. Understatement ist eher die Regel als Überschätzung. Trotzdem ist es nötig, die digitalen Fähigkeiten kontinuierlich zu erweitern. Nicht, weil wir etwas verpassen und den Anschluss verlieren könnten, sondern weil es uns selbst Spaß macht, wenn wir das digitale Handwerkszeug sicher beherrschen und unsere Möglichkeiten ausdehnen können.

Idealerweise haben wir im Kollegium unserer Schule Personen, denen es ebenso ergeht. Kleine Gruppen zu bilden, in denen man sich gegenseitig unterstützt, ungeschützt Fragen stellen oder neu Erlern-

tes einbringen und ausprobieren kann, eignen sich ungemein. Außerdem verändern sie das »Betriebsklima« beträchtlich.

Navigation

Bevor wir methodisch mit Schülerinnen netzunterstützt arbeiten können, brauchen diese einige Kompetenzen. Die vorrangige ist, dass Schüler sicher und gezielt im Netz suchen und finden können. Diese Fertigkeit kann in allen Unterrichtsfächern als sekundäre Lernschleife permanent mitlaufen.

Wichtig ist, dass stetig bei den Schülern wahrgenommen wird, ob sie sich mit den Suchfunktionen auskennen und diese funktional anwenden. Nur so führt das zur effektiven Suche im Netz.

Jüngere Schülergruppen lassen wir zunächst gar nicht das ganze Netz durchsuchen. Wer stellt schon einen 12-Jährigen in eine Universitätsbibliothek, gibt ihm ein Thema und sagt dann »Such«? Das wäre wie ein Apportierspiel, das nur scheitern und zu unbefriedigenden Ergebnissen führen kann, weil es schlicht eine Überforderung darstellt.

KONKRET

Hier geben wir Webseiten vor und stellen gezielte inhaltliche Suchaufträge innerhalb derselben.

Selbstständige Recherchen zu Themen grenzen wir zunächst erheblich ein, indem wir das »große« Thema mit Schlagworten versehen und Schülern beibringen, nach kombinierten Begriffen zu suchen.

Mit der Zeit wächst das inhaltliche Verständnis der Lernenden und das hilft ihnen, eine gezielte Auswahl zu treffen. Sie übernehmen nicht mehr unreflektiert das Erstbeste. Wir geben ihnen dabei klare Vorgaben, was inhaltlich benötigt wird und worauf sie bitte achten möchten.

Zuletzt erarbeiten wir mit ihnen, wie man Fundstücke so umarbeitet, dass man sie verwenden und wiederfinden kann.

Wird das strukturiert und gesteuert in allen Unterrichtsfächern ebenso gemacht, erwerben die Schüler recht bald eine autonome Suchkompetenz.

Gezielt suchen im Netz

Immer wieder fällt auf, wie umfangreich und zeitraubend die Suche im Internet sein kann. Dabei gibt es so viele Hilfsmittel, um zielführend zu suchen. Die Wenigsten kennen die Suchoptionen, die von den prominenten Suchmaschinen bereitgestellt werden. Dabei geht es nicht nur um die Suchleiste »Alle – Bilder – Videos – News – Maps – Mehr«. Interessant ist der Button »Suchoptionen«. Denn dieser verändert sich, je nachdem, was wir suchen und gibt uns ganz viele Möglichkeiten. Auch kann gezielt nach bestimmten Dateiformaten wie Dokumenten, PDF-Dateien etc. gesucht werden. Bevor wir weiter sehr viel Zeit verbrauchen, sollten wir diese Möglichkeiten kennenlernen und uns einmal ein bis zwei Stunden dafür Zeit nehmen, denn diese ist gut eingesetzt und spart uns auf Dauer nerviges Durchklicken durch Unbrauchbares.

»Gezielt suchen im Internet« bei einer Suchmaschine eingeben und sich das Leben leichter machen.

SEHR KONKRET

Fundstücke für den Unterricht vorbereiten
Wir sind fündig geworden. Haben Materialien, Medien, Informationen zielsicher eruiert. Was dann? Jetzt müssen wir uns die Fundstücke nutzbar machen. Damit ist gemeint, dass wir

- Musik und Filme in für uns abspielbare Formate konvertieren
  - Für Filme sind das »mp4« oder »wmv«: sehr hilfreich, wenn wir Filme in PowerPoint-Präsentationen einbinden – die laufen dort einwandfrei.
  - Für Musik ist das einfach, meist finden wir bereits alles im »mp3-Format« vor. Wollen wir ein Musikstück von einer gekauften CD nutzen, dann müssen wir es in »mp3« konvertieren. Liegt ein Musikstück nur als Film vor, der aber nicht gewollt ist, kann der Film ebenfalls in »mp3« umgewandelt werden, sodass die Musik extrahiert wird.
- Filme bearbeiten
  - Filme sind oft zu lang. Nur haben wir keine Zeit oder Lust, uns einen Film aufwendig mit Videoprogrammen zurechtzuschneiden. Also schauen wir uns den Film an und notieren uns die Zeiten, die wir zeigen wollen. Das ist die einfache Variante und fast allen bekannt.

    Eine andere Methode bietet uns das Programm »PowerPoint« von Microsoft an. Dort können wir »Marken« setzen und wir springen im Unterricht jeweils zu den entsprechenden Punkten. Das spart Zeit und ist schnell gemacht.
- Bilder bearbeiten
  - Bilder benötigen manchmal ein wenig mehr Kontrast, Dunkelheit oder Farbe. Ebenso müssen sie manchmal beschnitten werden, um präziser zu sein. Das alles geht mit Bildbearbeitungsprogrammen, und wer diese beherrscht und zur Verfügung hat, sollte sie auch nutzen.

    Die kleine Lösung ist, die Bildbearbeitung einzusetzen, die viele Programme wie »Word« oder »PowerPoint« sozusagen on board haben. Diese sind zwar etwas statisch, erfüllen aber mehr als nur ihren Zweck.
- Texte bearbeiten
  - Oft sind Texte zu lang, beinhalten zu komplizierte Worte etc. Was tun?

    Rausnehmen, was uns behindert, und den Text so funktional gestalten, wie wir ihn brauchen. Dann als »bearb« abspeichern (siehe unten: Dateien systematisch benennen und abspeichern).

- Informationen bearbeiten
  - Bei einer Recherche finden wir oft unterschiedliche Informationen zu einem Thema. Wir haben uns angewöhnt, ein Textdokument mit »Name des Themas – Informationen allgemein« zu erstellen. Da kopieren wir erst mal alles rein. Ist die Suche beendet, widmen wir uns diesem Dokument, kürzen, sortieren usw. Am Ende haben wir eine gute Informationssammlung.
- Analoge Fundstücke digitalisieren
  - Bereiten wir uns auf ein Unterrichtsthema vor, dann werden wir nicht nur Materialien aus dem Internet heranziehen. Da wir aber mit digitalen Mitteln unterrichten wollen, müssen wir unsere analogen »Fundstücke« digitalisieren.
    - Das heißt, wir benötigen ein technisches Gerät, nämlich einen Scanner, der Bilder, Texte, Folien u.a. zunächst für uns erfasst und in ein digitales Format bringt.
    - Heute haben viele Kopierer eine Scanfunktion oder wir verfügen über ein sogenanntes »All-in-One-Gerät«, d.h., unser Drucker kann auch kopieren und scannen.
  - Haben wir diesen Arbeitsschritt vollzogen, dann sollten wir für Texte noch ein Texterkennungsprogramm nutzen, damit wir diese auch verfügbar haben. Diese Programme sind übrigens auch ideal für PDF-Dateien, um sie in Textdateien umzuwandeln.
- Dateien systematisch benennen und abspeichern
  - Oft haben »Fundstücke« unglaublich lange Namen oder Benennungen, die uns nichts sagen. Es lohnt sich, die neuen Dateien umzubenennen und mit identifizierbaren Namen zu versehen. Wir fügen sogar noch ein Datum (Monat + Jahr) dazu.
- Die Suche neigt sich dem Ende zu. Jetzt noch abspeichern. Aber ich habe keine Lust oder Zeit mehr, alles »einzuordnen«. Vielleicht weiß ich auch noch nicht, wo alles hingehört. Dafür haben wir einen Ordner angelegt. »Fundstücke«. Hier kommt erst mal alles rein und von dort sortieren wir dann bei Zeiten. Nur sollte er nicht zu groß werden. Dieser Ordner hat quasi die Funktion einer Schublade, also auch mal aufräumen.
- Nicht vergessen: Die Adresse der Internetseite und das Datum des Fundtages mit abspeichern. Wir arbeiten schließlich korrekt und sind Vorbilder.

Allgemeinen Materialienfundus anlegen

Vielleicht haben Sie zwischendurch schon mal gedacht, was die so alles zur Verfügung haben. Das ist alles gar nicht so wild. Wir sind auch keine Sammler und Jäger, die stets auf der Pirsch sind.

Unsere allgemeinen, also nicht speziellen Materialpools sind entstanden, weil wir selbst so arbeiten, wie wir es hier beschreiben und weil wir gut vernetzt sind.

- Bilder
  - Analog und digital sammeln wir überall. Aktuelles reißen wir aus der Zeitung aus und scannen es altmodisch ein, anderes haben wir von Kolleginnen aus unserem Netzwerk erhalten. Wir nutzen unseren Bekanntenkreis und lassen uns von fotofreudigen Nachbarn Fotos geben oder geben diese bei Hobbyfotografen in Auftrag (was diese sehr freut – ehrlich).
  - Wir haben also eine digitale und eine analoge Fotosammlung und beide setzen wir ein!
- Filme
  - Ein kleiner, aber feiner Bestand an thematisch unabhängigen Filmen. Ein Meer mit Wellen, ein Ruderboot, das fährt, ein Flug über eine Landschaft und anderes. Diese Filme lösen Kon-

zentration aus, bereiten auf das Arbeiten vor, holen Schüler ab. Solche Filme finden sich bei YouTube oder sind auch mal leicht mit dem eigenen Handy anzufertigen.

- Geräusche/Klänge
  - Sie finden jedes Geräusch, das sie suchen, kostenfrei im Internet. So baut sich allmählich ein ansehnlicher Fundus auf.
- Musik
  - Hier arbeiten wir gerne mit Instrumentalmusik. Oft auch nur mit einem Instrument oder in kleinen Besetzungen. Wir wollen keine Hektik, wir wollen konzentrieren.

Unterricht digital vorbereiten und unterrichten

Die Materialien für den Unterricht sind erstellt. Nun gilt es, diese sachgerecht und lerngruppenorientiert zusammenzustellen. Das ist mit den digitalen Möglichkeiten eine ganz neue Herausforderung, denn noch nie hatten Lehrer so viele Materialien zur Verfügung wie heute. Man hat tolle Medien und Arbeitshilfen gefunden, man könnte so viel davon einsetzen, aber was nehme ich?

Für die Unterrichtsplanung und den Medieneinsatz gelten vier wichtige Kriterien:

- *Materialien und Medien müssen konzentriert das Thema abbilden* und auf den ersten Blick darauf hinweisen oder damit in Verbindung stehen. Es ist nicht hilfreich, wenn Schüler das »Thema« erst suchen müssen. Materialien aller Art müssen also »eindeutig« sein.
- Bei aller Faszination für tolle Medien: *Weniger ist mehr.* Schülerinnen leben bereits in einer medienüberfluteten Welt. Im Unterricht geht es um Fokussierung. Sie sollen erleben, dass man sich mit einer Sache aufmerksam beschäftigen muss, wenn man sie sich erschließen

The more I think
The more confused I get

will. Unterricht ist nicht der Ort, in dem »durchscrollen oder weg-zappen« geübt werden sollte.
- *Gute Materialien und Medien haben einen »Mehrwert«.* Über die eindeutige thematische Orientierung hinaus sollten sie Ablei-tungen, Ausblicke, Brücken oder Hinweise zu anderen Fächern, Themen oder Wissensbeständen ermöglichen. Sie brauchen also die Balance zwischen pointiert und mehr.
- Materialien und Medien müssen und können nicht unbedingt alle Schülerinnen ansprechen. Darum empfiehlt es sich bei der Auswahl, einzelne Schüler oder Schülergruppen in den Blick zu nehmen. Gerade *die heutigen digitalen Möglichkeiten erlauben es, Schüler individuell parallel anzusprechen.*

Crossmediales Lernen
Fast alle Studien und Untersuchungen zeigen, dass ein ungemeines Sprach- und Ausdrucksdefizit bei Schülern vorliegt. Sie können oft nicht in Worten ausdrücken, was sie sehen, erleben und fühlen. Eine Möglichkeit, dem zu begegnen, ist crossmediales Lernen. Sicher-lich ist es ein alter Hut, wenn Schülerinnen ein Bild gezeigt bekom-men und beschreiben sollen, was sie sehen oder eine Geschichte dazu erzählen sollen. In einer medienüberfüllten Zeit jedoch ist die ständige Aufforderung zum verbalen Auseinandersetzen mit Bil-dern unverzichtbar. Denn bei der konsumierten Bilderflut geht diese Fähigkeit quasi natürlich verloren.

> »Bilder prägen unser Leben. Sie markieren die Wende zum 21. Jahr-hundert«, stellt der Medienmogul Hubert Burda (2004) fest. 90 % der an unser Gehirn weitergeleiteten Informationen sind visuell. Bilder werden von unserem Gehirn 60.000 Mal schneller verarbeitet als ein Text. Worte sind also schwerfällig und behäbig. Sie müssen als Sprache konstruiert werden und das ist anstrengend.

KONKRET
Diese Erkenntnis führt bei uns im Unterricht zu zwei Konsequenzen:
1. Wir visualisieren ganz viel, damit Schülerinnen Kognitives auch bildhaft wahrnehmen und so leichter verankern können.

2. Wir arbeiten konsequent crossmedial
- Text und Bild
  Diese Mühe ersparen wir Schülern nicht, im Gegenteil, wir gestalten unseren Unterricht und unsere Seminare stets so, dass Bilder in Texte übertragen werden. Auf die Dauer ist das langweilig. Also transformieren Schüler Texte in Bilder. Sie beschreiben, welche Bilder in ihnen entstehen, was sie für Bilder vor Augen haben, wenn sie einen Text lesen. Permanent schwappt es hin und her. Im Classroom Management haben wir eine analoge Fotokartei. Schüler erzählen einen Text mit Bildern, die sie dazu aussuchen. Das kann auch per Computer geschehen.

  So kommen Schüler gar nicht darum herum, sich verbal auszudrücken, und das Gespräch im Unterricht erhält einen neuen Stellenwert. Parallel eignen sich Schülerinnen die Kompetenz an, sich in Texten und Bildern gleichermaßen auszudrücken und zu artikulieren. Das ist eine sogenannte sekundäre Lernschleife, denn wir thematisieren das nicht, sondern arbeiten dabei am jeweiligen Unterrichtsstoff.
- Text und Bild und Ton
  Texte zu vertonen oder Bilder mit Musik zu versehen, ist eine weitere crossmediale Möglichkeit. Musikdateien sind heute ausreichend vorhanden. Was aber sehr hilfreich ist, das ist eine Fülle von Klängen. Eine Auswahl von Alltagsgeräuschen, Klängen aus der Tierwelt und anderen Geräuschen erbringt hier gute Dienste. Texte oder Bilder mit Tönen zu beschreiben, das ist aufregend. Wie klingt der Text für euch, welche Geräusche hört ihr, wenn ihr das Bild seht?
- Text und Bild und unsere fünf Sinne
  Wie klingt es eigentlich in unserem Text? Was riecht ihr, wenn ihr den Text lest oder das Bild seht? Einen Text oder ein Bild gezielt

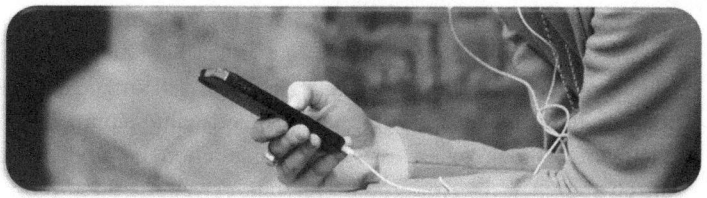

mit allen fünf Sinnen erfassen, ist ein Highlight. Plötzlich hat das Medium eine ganz andere Dimension. Ich nehme es ganz anders wahr. Ausprobieren und staunen, was dabei herauskommt!

Eine wunderbare Empathie-Methode, die einen Inhalt mit mir, dem Lernenden, in Verbindung setzt – nicht nur crossmediale sondern kreuzmodale Wahrnehmung. Beide Gehirnhälften sind aktiviert und sprechen miteinander. Schülerinnen erleben Texte und Bilder. Wir stoßen folglich den Prozess an, in dem die verschiedenen Sinneswahrnehmungen miteinander in Beziehung gesetzt werden. Die Wahrnehmungsmodi mischen sich im Gehirn. So bilden sich komplexe Inhalte, die aus verschiedenen Wahrnehmungen gespeist sind. Sie ermöglichen ressourcenorientiertes Lernen, weil zu Inhalten alle Sinneswahrnehmungen befragt werden können, und aus allen Sinnesorganen dem Inhalt etwas zugefügt werden kann.

– Text und Bild und Emotion
Paul Ekman, der berühmte Emotionsforscher (2004), spricht von sechs Basisemotionen: Ärger, Ekel, Furcht, Freude, Traurigkeit, Überraschung. Wie bei den Sinnen, stellt sich ein ganz neuer Bezug her, wenn wir Schülern die Gelegenheit geben, zu beschreiben, welche Emotionen sie in Text/Bild wahrnehmen und in einem zweiten Schritt, welche diese bei ihnen auslösen.

Auch hier handelt es sich um die kreuzmodale Wahrnehmung. Eine wichtige Empathie-Übung, die weit über die kognitive Erschließung hinausgeht.

Im Gegensatz zu den Gefühlen bedarf es für die Emotionen einer Einführung. Schülerinnen sollten die Emotionen kennen und sicher identifizieren können. Es lohnt sich, Bilder aus dem Netz dafür zu nutzen und mit Schülern eigene Fotos der Emotionen herzustellen und im Klassenraum aufzuhängen.

– Text und Bilder und Aufstellungen
Der Brasilianer Augusto Boal hat in den 1970er-Jahren das sogenannte »Theater der Unterdrückten« entwickelt. Sein Ziel lag darin, den »Sprachlosen« die Möglichkeit zu geben, sich auszudrücken.

Von dieser Idee inspiriert, setzen wir Aufstellungen im Unterricht ein. Schüler stellen Text- oder Bildsituationen einzeln oder in Gruppen nach. Andere korrigieren, erweitern oder verändern diese. So erhalten z. B. Texte eine Gestalt und werden in den Raum transportiert. Neue »Bilder« entstehen und wir erleben das Geschriebene oder Gesehene mit dem eigenen Körper.

Setzt man dieses kreuzmodale und crossmediale Instrument regelmäßig ein, finden viele Schüler einen Zugang dazu und können sich und ihren Wahrnehmungen in einer gestalteten Weise Ausdruck verleihen.

- Text und Bild und Film
Der Einsatz von Filmen lohnt sich. Die Auswahl didaktisch gut gemachter Filme ist heute enorm (z. B. Edmond-NRW.de). Auch wenn Filme sehr komplett erscheinen – bereits Texte, Bilder, Töne, Musik beinhalten – lösen wir sie oft auf, indem wir Szenen als Standbilder in den Klassenraum transferieren, den Ton ausschalten und Schülerinnen eigene Texte sprechen lassen. Wir erfassen sie mit unseren Sinnen oder Emotionen.

Im Unterricht direkt eigene Filme zu erstellen, ist durchaus aufwendig. Die heutigen Smartphones jedoch eröffnen viele weitere Möglichkeiten, und da stehen wir gerade erst am Anfang und probieren noch einiges aus. Auf was wir sehr achten, ist, dass wir klar und eindeutig sind. Wir wollen keine übereinanderliegenden Bilder und wir haben immer nur einen thematischen Strang und nicht viele gleichzeitig, wie es heute medial oftmals üblich ist.

Da diese Anwendung zeitintensiv ist, fördern wir gezielt, dass diese Crossmedialität in Arbeitsgruppen eingesetzt wird. In der normalen Unterrichtsstunde ist es schwer leistbar.

Transfer planen

Unabdingbar gehören zum Lehren und Lernen in der digitalen Welt die analogen Anteile. Auch wenn Schüler meinen, alles sei bereits digital, setzen wir sehr bewusst analoge Medien und Methoden ein. Wir wollen die Ausschließlichkeit stören und bewusst machen, dass vieles aus der digitalen Welt analoge Gegenstücke hat, oder dass das Digitale in vielfältiger Weise lediglich eine Abbildung des Analogen ist.

KONKRET

- Digital – analog
  - Wie die zuvor beschriebenen Methoden zeigen, verknüpfen wir vieles aus der digitalen Welt mit der Erlebnishaftigkeit der Schülerinnen, stellen vieles »in den Klassenraum« und *analogisieren* somit unmittelbar, ohne es immer zu betonen.
- Analog – digital
  - Umgekehrt sichern wir Ergebnisse von Schülern mit Fotos oder durch sogenannte Dokumentenkameras. Sind diese vorhanden eignen sie sich auch sehr gut, um Interaktionen der Schüler direkt auf das Board zu übertragen.

Medien zusammenstellen

- Zur Unterrichtsplanung gehört also die Auswahl der Medien. Bilder, Töne, Texte werden so ausgesucht, dass wir sie crossmedial und kreuzmodal einsetzen können.
- Material und Medien miteinander verknüpfen
  - Als nächstes steht die Verknüpfung von Inhalt, Material und Medien an. Wo wollen wir, wie arbeiten? Beantworten wir diese Frage, stellen wir die Medien und Materialen entsprechend zusammen.

    Das wirkt aufwendig? Nur in der Theorie und beim Lesen. Mit der Zeit geht das in Fleisch und Blut über und geschieht beinahe automatisch. Vertrauen Sie uns.
- Hypertexte erstellen
  - Planen wir eine Unterrichtseinheit, dann sammelt sich eine ziemliche Menge von Materialien und Medien an. Nun haben wir zwei Möglichkeiten diese zu ordnen. Entweder, wir legen pro Unterrichtseinheit einen Ordner an und kopieren die ausgesuchten Dateien dorthin oder wir legen uns ein Dokument an, in das wir den Ablauf der Einheit aufschreiben und die benötigten Dateien »verlinken«.
  - Sogenannte Hyperlinks sind sehr hilfreich. Ich kann per Mausklick direkt die jeweiligen Medien aufrufen. Und: Sie sind völlig unkompliziert. Ich markiere ein Wort, drücke die rechte Maustaste, gehe auf Hyperlink, dann in den Ordner, in dem sich die gewünschte Datei befindet, und setze zu der Datei eine Ver-

knüpfung. Der Vorteil ist, ich spare mir das Hin-und-her-Ko-
pieren, viel Speicherplatz und behalte die klare Ordnung meiner
Dateien bei. Dringend zu beachten ist, dass ich die Hyperlinks
mit den Dateien auf meiner mobilen Festplatte erstelle, dann
habe ich eine volle Funktionsfähigkeit im Unterricht.

– Unterrichtspräsentation erstellen
  - »Es muss doch nicht immer alles digital sein! Ich habe Respekt
    vor den Lehrern, die mit einem Buch unter dem Arm in den
    Unterricht kommen.« So vehement vertrat eine Lehramtsan-
    wärterin in einem Fortbildungsseminar ihre Position. Dem ist
    nichts hinzuzufügen. Jedoch handelt es sich hier um ein Buch,
    das seinen Schwerpunkt auf das Lehren und Lernen in der digi-
    talen Welt legt. Ohne es zu bezweifeln, gehören analoge Metho-
    den dazu und wie sie bereits gelesen haben, verwenden wir diese
    auch. Was jedoch die Unterrichtsvorbereitung angeht, da gehen
    wir strikt davon aus, dass diese digital geschieht. Also erstellen
    wir für unsere Unterrichtseinheiten auch Präsentationen.
    Für uns hat Unterricht in vielfacher Hinsicht eine Vorbildfunk-
    tion und das gilt besonders auch für die Ästhetik. Folglich sind
    bei uns die Arbeitsblätter und Präsentationen sehr bewusst
    ästhetisch gestaltet und nach Gesichtspunkten der Präsenta-
    tionslehre und Wahrnehmung aufgebaut.

KONKRET

Wussten Sie, dass ab dem Betriebssystem Windows 2007 alle Office-
Programme interaktiv sind, wenn man sie an einem entsprechenden
Whiteboard anwendet?

Darum verwenden wir keine herstellerspezifischen Whiteboard-
Programme. Denn unsere ganze Unterrichtsvorbereitung wäre bei
einem Schulwechsel ggf. nicht mehr kompatibel.

Immer wieder gerne greifen wir auf das Programm »PowerPoint«
oder vergleichbare Freeware zurück. Lange war es verpönt, aber für
den Unterricht ist es geradezu ideal.

Es ist möglich, mit vielen Formaten zu arbeiten (auch Din A4-
Hochformat), die Einbindung aller Medien ist unkompliziert und die
interaktiven Anwendungen erlauben ungemein viele Möglichkeiten.

Da ist eine unbeschriebene Folie eine wunderbare Tafel, auf die ich mit dem Finger oder Stift schreiben kann. Ich kann vorbereitete Tafelbilder im Unterricht per Hand vervollständigen und vieles mehr. Zudem kann ich Produkte der Schüler direkt abspeichern.

Aus diesen und vielen anderen Gründen erstellen wir solche Präsentationen und diese begleiten uns durch die Unterrichtseinheiten. Schnell können wir Altes wieder aufrufen und Neues hinzufügen. Wollen wir analog arbeiten, dann drücken wir den »Punkt« – die Präsentation ist aus. Möchten wir dort wieder einsteigen, dann wiederum indem wir den »Punkt« betätigen. Wir haben also nicht ständig die Präsentation im Raum laufen. Aber wir haben so alles dabei und können den Schülerinnen – je nach Ausstattung der Schule – die gesamte Unterrichtseinheit zur Verfügung stellen, was wir dringend empfehlen.

Verzicht auf Ziele

Einleitend haben wir uns bereits deutlich für die Metapher der Pizza als Bild für das Lernen ausgesprochen. Hier wollen wir es in Verbindung mit der Didaktik des offenen Fensters bringen, wenn wir uns dafür stark machen, dass es im Unterricht zielfreies Lernen geben soll. Ein kluger Mensch hat einmal gesagt:

»Wenn du in Deutschland eine Revolution willst, dann musst du den Lehrern die Zensuren nehmen!« (Otto Herz, aus einem mündlichen Vortrag)

Wir denken, dass es einen ähnlichen Effekt hat, wenn wir vom zielfreien Unterricht sprechen.

Wie soll das gehen? Schon mal was von Curriculum gehört? Ja und wir beherzigen diese auch. Aber, es gibt mehr als nur zielorientiertes Lernen. Schüler haben Interessen, sie sollten zumindest welche haben. Diese sind wertfrei und frei von Zielen. Es interessiert sie eben. Dafür muss es einen Raum geben in der Schule.

 Es braucht eine Offenheit für die Ausschnitte, die den Einzelnen beim Lernen anregen, fesseln, ablenken. Über das Hier und Jetzt hinausschauen zu dürfen und dazu ermutigt zu werden. Lernen darf mit Sehnsucht behaftet sein. Für uns gibt es die Verheißung des Lernens, die über strukturierte und didaktisch sortierte

Lernprozesse hinausgeht, die abschweift und die trotzdem oder gerade deshalb Lernen ist. Es geht dabei um die Eigenart des Lernens eines jeden einzelnen und wir möchten individuelles Lernen ermöglichen, wenn wir zielfreie Elemente in den Unterricht einbauen, ohne dass dabei klar wird, warum wir das jetzt tun, wozu das dienlich ist.

Schülerinnen brauchen den Mut und die Entschlossenheit, sich zu interessieren. Sie müssen Lust bekommen, sich dem hinzugeben, was sie wissen wollen. Lernen darf nicht mit der Schulglocke enden, weil dann keine Ziele mehr vorgegeben werden.

Erlauben Sie uns und sich den Glauben daran, dass Lernen nur gelingen kann, wenn zielfreie Inhalte eingebaut werden und den planmäßigen Ablauf des Unterrichts stören.

Weiterführendes Lernen

»Wer die Freiheit aufgibt, um Sicherheit zu gewinnen, wird am Ende beides verlieren.« Benjamin Franklin (1706–1790)

»Ich habe keine Hausaufgaben auf, also brauche ich auch nichts für die Schule zu tun!« Eine klare Schüleraussage mit einer schlüssigen Kausalfolgerung. Viele Schülerinnen geben das Quantum des Lernens komplett in die Hände ihrer Lehrer. Was sie sagen, vortragen, anbieten, wozu sie auffordern, das ist genau das Maß des Lernens. Bei genauerem Nachfragen stellt man auch fest, dass Schüler oftmals gar nicht wissen, was sie denn »mehr« tun sollten. Was ihnen einfällt, ist die Wiederholung, aber was additiv möglich wäre, dazu haben sie keinen Zugang.

Für uns ist das eine wesentliche Aufgabe geworden. Wir bieten konsequent über den eigentlichen Unterrichtsgegenstand hinausgehende Elemente, Materialien, Hinweise an. Das können Bilder oder Musik zum Thema sein, das können eine informative Website oder noch andere vertiefende Aufgaben sein. Gerne verweisen wir auch auf *tutorials* aus dem Internet.

Wir möchten somit den eigentlichen Unterrichtsgegenstand in anderer Form darstellen, einen Aspekt besonders betonen oder vertiefen und einen anderen Lernzugang ermöglichen. Was Schülerinnen daraus machen, fragen wir nicht ab. Manchmal erkundigen wir uns, ob die Hinweise hilfreich waren, manchmal werden wir angesprochen, ob es dazu noch weitere Informationen gibt.

KONKRET

Wir nennen das: »In den Raum stellen.« Wir stellen Dinge zur Verfügung und vertrauen der Verheißung des Lernens, praktizieren unsere Offenheit für die Eigenart des Lernens eines jeden Einzelnen. Das ist unseres Erachtens praktizierte Diversität.

Über diesen Weg gestalten wir die individuelle Förderung unserer Schülerinnen. Das verlangt von uns, dass wir auf drei Dinge achten. Wir brauchen wiederholende, vertiefende und neue/andere Zugänge der bereits bekannten Inhalte. Hier werden Lernschwächere besonders unterstützt, aber die Lernstärkeren können diese Hinweise auch für sich zur Vertiefung und Stabilisierung ihres Wissens nutzen.

Dann brauchen wir weiterführende Materialien, die besonders die lernstarken Schüler ansprechen und verhindern sollen, dass bei ihnen Langeweile einsetzt. Wir wollen erreichen, dass ihr Interesse stabil hoch bleibt.

Drittens setzen wir nach Möglichkeit fachfremde Zugänge ein. Wir fragen konkret nach Vernetzungen zu anderen Fächern oder suchen nach ästhetischen Anknüpfungspunkten aus der Kunst oder Kultur. Hier sind wir sehr frei von Zielen.

Dafür arbeiten wir meist mit sogenannten »Hypertexten«. Wir hatten schon erwähnt, dass wir unseren Schülern unser Material digital zur Verfügung stellen. Darum ist es technisch nicht schwer, Verknüpfungen zu anderen Materialien herzustellen.

Diese müssen wir in der Regel auch nicht extra suchen. Wir haben ja bereits für unseren Unterricht – aus unseren Recherchen – eine Reduktion vorgenommen. Jetzt kommen die »aussortierten« Materialien zum Einsatz. Wir haben doch immer mehr, als wir brauchen. Also nutzen wir das auch. Die Mühe und der Aufwand halten sich in Grenzen und wir sind froh, dass wir mehr von unseren Materialien einbringen können, als uns sonst möglich wäre.

Dauerhaft entsteht so ein Fundus, auf den Schüler wie Lehrer zugreifen und mit dem sie frei umgehen können.

Ein Hinweis sei noch erlaubt: Manche Schüler sind damit überfordert. Sie brauchen sehr klare Strukturen, um lernen zu können. Sie verzetteln sich und brauchen Unterstützung, um Prioritäten setzen zu können. Hier verwenden wir weiterführende Hinweise nur sehr behutsam und weisen sie konkret höchstens auf eine Ergänzung hin.

Offenes und selbstständiges Lernen

Konsequent gedacht, führt das dazu, dass Schüler den Raum erhalten, via Netz Erfahrungen von der Welt zu machen, die gänzlich ohne Leistungsorientierung sind. Sie müssen mäandernd durch das Netz schlurfen, *breadcrums* verfolgen dürfen. Dazu sollten auch schon die jungen Schülerinnen Gelegenheit bekommen. Natürlich nicht durch das offene Netz.

KONKRET

Hier helfen jugend- und kindgerechte Suchmaschinen (FragFINN, Blinde Kuh, u. a.) sehr. Bei ihnen ist eine sogenannte »Blacklist« hinterlegt und anstößige Begriffe und Seiten werden automatisch blockiert.

Als Lehrerinnen können wir dazu Anreize setzen, sie neugierig machen oder als Bildungsvorbilder dienen, denen Schüler nacheifern. Wie können zeigen, wie wir uns einem Thema nähern und ihnen gezielte, aber offene Rechercheaufgaben geben.

Gerne nutzen wir dazu die Methode des *WebQuest*. Wir stellen Links und Websites zusammen und lassen sie darin, mit Fra-

gen und Aufgaben ausgestattet, suchen. Jedoch achten wir darauf, dass beides nicht zu eng geführt wird. In der Oberstufe verfolgen wir auch gerne den Ansatz: Lernermöglichende Fragen/Aufgaben müssen unbeantwortbar sein!

Das ist nicht konsequent durchzuhalten, aber immer mal wieder einzubauen. Denn, nur dann können keine Antworten abgerufen werden. Und, wenn das der Fall ist, dann können Schüler auf allen Ebenen analysieren und Antworten finden. So erschließen sie sich zweierlei. Zum einen das Vertrauen, dass sie selbständig in der Lage sind, Themen im Netz zu eruieren und zum anderen die Selbstsicherheit zu entscheiden, wann eine Sache zunächst hinlänglich erforscht ist.

Gerne sagen wir es dann auch: Was wir nicht kennen, dürfen wir kennenlernen.

Störungen einbauen

Eines der wesentlichen Erlebnisse aus dem analogen sowie digitalen Leben ist, dass fast alles diskutiert wird und eine geradezu inflationäre Meinungsbildung herrscht. Aber nicht alles ist eine Frage von Position oder Meinung. Uns begegnet, dass Emotionen immer mehr an die Stelle von Fakten treten, dass der Wirklichkeitssinn eine Erosion erlebt. »Postfaktisch« ist das Wort des Jahres 2016. Immer größere Bevölkerungsschichten sind bereit, Tatsachen zu ignorieren und sogar offensichtliche Lügen bereitwillig zu akzeptieren. Wir können nicht verhindern, dass unsere Schüler diesen bei ihren Recherchen begegnen und in den Unterricht hineintragen. Das wollen wir auch nicht.

Diesem »Meinungsrauschen«, wie wir es gerne nennen, begegnen wir sehr konsequent durch Störungen.

Es ist völlig egal, *wie* sie als Lehrkraft stören – Hauptsache ist, sie stören. Denn: Es gibt Fakten und es gibt auch Richtig oder Falsch! Unser Anliegen ist natürlich, dass Schüler faktenbasierte Schlüsse ziehen. Aber wir sind realistisch. Wir wissen, dass nicht alles auf Fakten beruhen kann und es viele Fragestellungen gibt, die nicht feststehend zu klären sind. Hier sollen Schülerinnen lernen, sich eine möglichst fundierte Meinung zu bilden, sie sollen Abwägungsprozesse begründet vornehmen und andere Positionen mit ihren Anliegen zur Kenntnis nehmen und abwägen.

Wir fordern unsere Schülerinnen dadurch heraus, noch mal nachzudenken, weiterzusuchen. Wir möchten, dass sie überprüfen und sich noch einmal umorientieren.

Für uns sind Störungen aber nicht nur eine Methode, der Meinungsinflation zu begegnen. Sie gehören für uns zum Unterricht dazu. Das kehrt den Unterricht etwas um, sind es doch in der Regel die Lehrerinnen, die für Ruhe sorgen. Jetzt sollen sie den Frieden stören. Ja, bitte und zwar heftig.

KONKRET

Sehr effektive und erfolgreiche Störungselemente sind der Verzicht auf Ziele bei Aufgaben. Wir sagen nicht immer, was erreicht werden soll. Manchmal verändern wir auch mittendrin die Aufgabenstellung und somit das Ziel. Wir wollen unsere Schüler nicht ärgern und auch nicht um des Selbstzwecks willen amüsieren. Wir möchten, dass sie die Erfahrung machen, dass Lernen kein linearer Prozess ist, dass man sich ablenken lassen kann und manchmal seine Bahnen verlassen und neue Wege betreten muss. In einer digitalen Welt muss man flexibel sein und in einer komplexen Welt muss man improvisieren können. Diese Gelegenheit wollen wir unseren Schülern geben. Sie sollen Erfahrungen machen und ein Gespür dafür entwickeln, wie sie in solchen Situationen reagieren.

> Lernermöglichende Fragen/Aufgaben müssen auch mal unbeantwortbar sein! Nur dann können keine Antworten abgerufen werden. Dann können Schülerinnen auf allen Ebenen analysieren und Antworten finden.

Täglich begegnet uns: Lernmotivation wie Lernentscheidungen werden in einer am Geschmack ausgerichteten Gesellschaft geschma-

cksorientiert getroffen. Wichtig ist, dass Anreize gesetzt werden, die eine Bedeutung über den Geschmack hinaus vermitteln.

Deshalb setzen wir solche Methoden ein, provozieren die Improvisation, denn dadurch erreichen wir eine Aktivierung und eine Bereitschaft zur Produktion von Ergebnissen. Wir verlassen die Linearität und verdeutlichen, dass Lernen ein stetiger Prozess ist, der sich immer wieder neu anpassen und gestalten muss.

Für uns ist es wichtig, dass Schüler dieses täglich im Unterricht erleben und erst gar nicht in den Glauben verfallen, dass man nur konsequent lernen muss, was einem vorgesetzt wird und dann wird man schon sein Dartspiel auf null bringen und seine Ziele erreichen.

Wovor wir Angst haben ist, dass unsere Schüler einmal sagen:
»Ich muss nichts lernen. Sie haben es bereits für mich getan. Ich muss es bloß wiederkäuen und hernach ausspucken. Das ist, was ich ihnen schuldig bin.«
Milena Michiko Flasár: Ich nannte ihn Krawatte. Berlin 2013, S. 33

Fossilierungen und Zuschreibungen vermeiden

Vom Ursprung her stammt der Begriff der »Fossilierung« aus der Sprachforschung. Dort ist Fossilierung eine Verfestigung, eine Versteinerung von fehlerhaften sprachlichen Strukturen und Gewohnheiten, die in einem früheren Lernstadium erworben wurden und die sich im weiteren Lernprozess kaum beseitigen lassen. Fossilierung wird auch als »Fließend-falsch-Sprechen« bezeichnet.

Gleichzeitig und darum ist der Begriff für das Lernen in der digitalen Welt von Bedeutung, geht es jedoch um das Vermitteln kommunikativer Kompetenz. Fossilierung tritt ein, wenn Kommunikation gelingt und eine weitere Aneignung von Sprachkenntnissen dafür nicht erforderlich erscheint.

Wir gehen über die sprachliche und kommunikative Kompetenz hinaus und definieren:

- Fossilieren ist ein quasi versteinerter Zustand, in dem es keinen Lern-, Entwicklungs- oder Korrekturfortschritt gibt.
- Fossilieren ist eine Stagnation, in der es keine Veränderung gibt oder keine angestrebt wird.
- Schlimmstenfalls wird Lernzuwachs oder -entwicklung sogar vermieden oder verhindert.

Fossilierung ist also die »Manifestation eines Lernniveaus«.

KONKRET

Versteinerung ist, wenn sie eingetreten ist, eine mehr oder weniger unabänderliche Tatsache. Es ist ein Phänomen, das bei Kindern sowie bei Jugendlichen und Erwachsenen gleichermaßen zu beobachten ist. Stets resultiert es daraus, dass die Lernenden den Sinn weiterer Entwicklung nicht erkennen.

Warum beschreiben wir das hier? Im Umgang mit digitalen Geräten, Programmen und Anwendungen beobachten wir diesen Zustand leider sehr häufig und zwar in dem gerade beschriebenen Ausmaß und in allen Altersgruppen. Viele Personen, Lehrer und Schüler in gleicher Weise, haben ein gewisses »digitales Niveau« erreicht und

sind nicht bereit, dieses zu erweitern oder Korrekturen daran vorzunehmen.

Sowohl in der Lehrerfortbildung als auch im Umgang mit Schülerinnen können wir eindeutig belegen, wie schwer es ist, einen einmal erreichten Level zu erweitern. Da leiden Lehrer unendlich am Ordnungssystem an ihrem digitalen Arbeitsplatz, aber niemals würden sie sich neue, übersichtlichere Ordnungsstrukturen aneignen. »Das muss so sein, anders geht das bei mir nicht.« »Das brauche ich nicht, ich komme mit dem, was ich weiß, gut aus!«

Obwohl gerade in der digitalen Welt der Wandel, das Neue, die Erweiterung an der Tagesordnung sind, erleben wir selbst gewählte Festschreibungen und Entwicklungsverhinderungen. Die Vorteile eines solchen Verhaltens liegen auf der Hand. Stabilisierung des Lernoder Entwicklungsstandes, eine Phase der Erholung und Zufriedenheit. Die Umorientierung auf andere Ziele ist wieder möglich und es gibt eine frei werdende Zeit, Motivation, Kraft für andere Aufgaben.

Solche Phasen sind für Lehrerinnen und Schülerinnen unabdingbar nötig. Man muss durchatmen und sich stabilisieren. Die Ursachen, für sich selbst keine Entwicklung anzustreben oder in Aussicht zu stellen, sind temporär nachvollziehbar.

Entwicklungsverhindernd sind sie, wenn die Fossilierung als Mittel zum Zweck eingesetzt wird und als solche ein angestrebtes Ziel ist. Das ist Lernen für den Endpunkt. Da habe ich genug getan, das kann so bleiben. Dann allerdings ist die Gefahr, den Anschluss zu verlieren, erheblich. Es mag sein, dass wir für weitere Investitionen von Zeit, Kraft keinen bedeutenden Fortschritt sehen. Dann ist das für eine gewisse Zeit mal so. Aber es wird unabdingbar nicht lange so bleiben.

Wir plädieren bestimmt nicht dafür, dass man alles, was die digitale Welt zu bieten hat, auch kennen und können muss. Aber, sie ist permanent im Fluss und bringt immer etwas Relevantes hervor. Wir dürfen das kontinuierliche »digitale« Lernen nicht einstellen. Wir werden unsere Neugierde verlieren, keinen Flow mehr erleben und wenn wir wieder anfangen müssen, dann haben wir das Gefühl, erschlagen zu sein und es nicht mehr schaffen zu können.

Für uns selbst und unsere Schüler sollten wir konsequent sein und das Aufzeigen eines Sinns für Entwicklung nicht vernachlässigen. Dafür gilt es, Entwicklungs- und Lernziele »sinnhaft« zu verdeutlichen und aufzuzeigen. Uns selbst zu fragen, was eine weitere Lernbereitschaft auslösen würde und zugleich unsere Motivation suchen und ergründen. Bezüglich des Flows gilt es, bei sich selbst zu suchen, was denn Faktoren wären, die diesen auslösen und generieren würden.

Haben wir erst einmal ein solides technisches und kommunikatives Niveau in der digitalen Welt erreicht, dann gelingt Entwicklung ab hier nur durch ein neues sinnhaftes oder valides Ziel oder eine Transformation vom Nutzen in den Spaß.

Wir thematisieren die Fossilierung so umfangreich, weil wir auf dieses Phänomen aufmerksam machen wollen. Obwohl wir von einem fluiden und immer wandelbaren Phänomen – der digitalen Welt – sprechen, begegnen uns ständig Versteinerungen. Darauf wollen wir aufmerksam machen und Sorge tragen, dass stets für uns und unsere Schüler Impulse und Anregungen vorhanden sind, die dieses Phänomen verhindern.

Quintessenz

Fossilierung hat eine soziale Dimension. Sind sie bei Lehrern vorhanden, können sie das Lernen bei Schülern blockieren. Die negative Motivation »Was mein Lehrer nicht mag oder macht, das mache ich bestimmt«, funktioniert nur sehr selten. In der Regel sind Lehrerinnen authentische Vorbilder und wenn sie ein gewisses Volumen an Kenntnissen als ausreichend festschreiben, besteht die hohe Wahrscheinlichkeit, dass Schülerinnen das annehmen und sich zu eigen machen.

Umgekehrt hat Fossilierung bei Schülern Auswirkungen bei Lehrern. Gewinnen sie den Eindruck, dass ihre Schüler nicht mehr digitale Kompetenz erwerben wollen, kann das unmittelbar die Entwicklung bei Lehrern blockieren. Diese Prozesse laufen natürlich selten bewusst ab. Darum ist es schwer, sie wahrzunehmen und abzuwenden. Wir sprechen sie hier an, um den Versuch zu unternehmen, sie in den Fokus der Aufmerksamkeit zu stellen.

4 Digitale Grundlagen für Schüler

Navigation lernen

Apportieren – »Suche etwas im Netz und präsentiere es!«
Das Internet hat das Lexikon und für manche im Bewusstsein quasi
auch die Bibliothek ersetzt. Das ermöglicht Interaktionsprozesse.
»Oldschool« aber schickt die Schülerinnen ins Netz und lässt sie
suchen und dann das Gefundene brav ablegen.

Dazu gibt es Alternativen, und die wollen wir aufzeigen.

Um selbstständig Lernen und Lehren zu können, bedarf es der
Fähigkeit, sich zurechtzufinden. Wir nennen das »Navigation« und
denken dabei sowohl an die alte Fähigkeit des Navigierens mit Hilfe
einer Landkarte als auch an die gegenwärtigen Möglichkeiten, die
moderne Navigationsgeräte zulassen.

KONKRET

Navigation beginnt mit der Zielbestimmung. Wohin möchte ich
gelangen? Zunächst sollten Lehrer die Ziele ihrer Unterrichtseinheiten veröffentlichen und dann gemeinsam mit ihren Schülerinnen
ermitteln, was diese für sich lernen wollen und warum. Das geschieht
bei jüngeren Schülern und komplexen oder sehr umfangreichen
Themen durch eine gelenkte Recherche. Erst, wenn die Schüler eine
gewisse Recherchekompetenz erworben haben, erscheint es sinnvoll,
sie auch frei im Internet suchen zu lassen.

Bereits bei der Recherche ereignet sich die Selektion. Was brauche
ich unbedingt, was interessiert mich persönlich, was spricht mich
gar nicht an? Das sind hilfreiche Fragen, die Schülern helfen, sich

zurechtzufinden. Diese Fragen können mit der Zeit weiter ausdifferenziert werden. Nachdem sich die Schüler einen Überblick verschafft haben, beginnt die Planung.

KONKRET

Ziele des Lernens werden mit den Schülern gemeinsam ermittelt und vereinbart:
- Möglichkeiten, die Lernziele zu erreichen, werden aufgezeigt und somit transparent gemacht.
- Lernenden werden Navigationshilfen angeboten.

- Lernende werden ermutigt, eigene Wege zum Lernziel zu suchen, auszuprobieren, zu finden.
- Lernende entwerfen/entwickeln Lernlandkarten, um ihre Lernziele zu erreichen.
- Lernende begeben sich auf den Weg der Lernzielrealisierung.
- Lernende erkunden den Weg, den sie einschlagen und wissen, wo sie sind.
- Lernende lernen das Navigieren und entwickeln für sich Lernrouten selbstständig.

 Herausforderung für die Lehrenden

Lehrerinnen bieten mehr als einen Lernweg an und/oder fordern dazu auf, dass Schüler sich einen Lernweg erschließen oder für einen begründet entscheiden.

Navigationslehre

Obwohl Navigationsgeräte ungemein hilfreich sind, bedarf es pro Reise einiger Einstellungen, um auch effizient an das gewählte Ziel zu gelangen. Bezüglich des Lernens stellen wir aber kein Gerät ein, sondern uns. Wie möchte ich mich diesem Lernstoff nähern? Wähle ich gemäß dem Dartspiel-Bild den schnellsten und kürzesten Weg? Oder möchte ich mit Freude und Genuss die schönste Route wählen? Realistisch ist, dass immer mal beides vorkommt.

Wenn ich mich dann auf die Reise mache, dann kann ich mich selbst unterstützen, indem ich mir Klarheit darüber verschaffe, was ich vermeiden möchte: Welche Nebenthemen des Hauptthemas werde ich nicht beachten?

KONKRET

Gemeinsam werden wir immer wieder von Lehrern und Schülern gefragt, wie man denn gut selektieren kann. Darauf gibt es eigentlich nur eine Antwort. Wenn Sie eine Fachrecherche betreiben, dann spart Ihnen nur Ihr *Vorwissen* und Ihre *Expertise* Zeit. Denn das ist das einzige Kriterium, dass Sie sicher Wesentliches, fachlich Solides und Wichtiges erkennen lässt. Ein weiteres Hilfsmittel ist die *Zielklarheit*, sie erspart Ihnen Ablenkungen und Irrwege. Soweit zu den inhaltlichen Kriterien. Technisch hilft die Kompetenz, wenn die in den Suchmaschinen angelegten Suchfunktionen trainiert und eingesetzt werden. Für uns ist klar, dass wir selbst fit sind, was die Nutzung der Suchmaschinen betrifft, und das auch mit unseren Schülerinnen und Kollegen stets einüben.

Ist der Faktor Zeit vorhanden und das Interesse bei Schülern geweckt, dann lohnt es sich, Ausschau zu halten – nach Alternativen, Umwegen und Ablenkungen. Jetzt sind wir beim Bild der Pizza gänzlich angekommen. Sogar Störungen können in Kauf genommen und adäquat behandelt werden.

Zur Hilfe eine Liste der relevantesten Selektionskriterien
- Ziel/Auftrag muss eindeutig und klar sein
- Erlaubnis
- Selbstbewusstsein
- Interesse
- Zeit
- Qualität
- Quantität
- Aufwand
- Verständnis
- Emotionen
- Nutzen/Effektivität
- Praktikabilität
- Vorwissen/Ressourcen
- Intrinsische und extrinsische Ziele

See differently oder nehme Dir ein Beispiel an Polydamas!

Wie bereits angesprochen, halten wir den antiken Polydamas auf Grund seiner Vorsicht und Rücksicht für ein ausgesprochenes Vorbild bezüglich des Lernens in der digitalen Welt.

Gerade in der multiplen digitalen Welt brauchen Schüler differenzierte Zugänge, um Informationen prüfen zu können. Sie müssen skeptisch sein und stets nach der Quelle und deren Intention fragen. Unbedachte Übernahme von »Wissen und Information« allein, um eine gestellte oder geforderte Aufgabe zu bewältigen, kann nicht der Sinn der Sache sein.

KONKRET

Darum berücksichtigen wir vier Elemente:
- Wir hegen berechtigten Zweifel.
- Wir fragen, ob das auch anders gesehen werden kann.
- Wir weisen auf Alternativen hin.
- Wir stören die »Eindeutigkeit«.

Unser Ziel ist, dass Schülerinnen durchgängig die Komplexität der Welt wahrnehmen und sie so wenig wie möglich unreflektiert übernehmen. Wir möchten, dass sie falsifizieren und verifizieren. Damit wollen wir keine paranoiden Schüler produzieren, sondern nach Möglichkeit dafür Sorge tragen, dass Schüler über die Meinungsbildung hinaus ein kritisches und reflektiertes Verhalten erwerben, bis hin zur Wissenschaftspropädeutik in der Oberstufe.

Damit Schüler dafür motiviert werden, braucht es den Transfer der Theorie in die Praxis und in lebensnahe Schülersituationen. Der übertragende und vervielfachende Einsatz des Wissens ist wesentlich dafür, dass Schülerinnen überhaupt bereit zur kritischen Reflexion sind.

In einer Welt der sozialen Plattformen bedarf es eines angemessenen Bewusstseins für folgende zentrale Fragen bei den Schülerinnen:
- Wem kann »mein« Wissen nutzen?
- Bin ich bereit, »mein« Wissen anderen zugänglich zu machen?

- Wie kann ich das Erlernte multiplizieren?
- Habe ich ein gutes Gespür dafür entwickelt, wo mein Wissen platziert werden sollte?

Informationen entdecken und zu Wissen entwickeln

»Wir werden unserer selbst müde, denkt er, und wenn wir nichts finden, was unser Interesse weckt, wird es ziemlich langweilig, das Menschsein.« (John Burnside: Glister. München 2009, S. 190)

Knüpfen wir an der Recherche an und stellen die Frage nach dem Wissen, welches wir mit unserem Unterricht und unseren Fortbildungen eigentlich generieren wollen.

Beginnen wir bei den Zeichen, Daten und Informationen. Sie sind zunächst noch kein Wissen. Daten sind verknüpfte Zeichen im Rahmen eines Regelwerkes. Kombinierte und ergänzte Daten ergeben eine Information. Wissen ist die zweckorientierte Verknüpfung von Informationen zu einer begründeten Kenntnis. Diese implizieren aber nicht von sich aus eine Wahrheit, sondern stellen eine Ressource dar. Zudem ist Wissen untrennbar mit Unwissen und Wissensunschärfe gekoppelt.

Da das Internet voll von Z – D – F (= Zahlen – Daten – Fakten) ist, und Schüler zunächst auf diese treffen, wenn sie im Netz zwecks Recherche unterwegs sind, haben wir uns angewöhnt, mit ihnen darüber zu sprechen, was sie denn mit den Informationen anfangen können, wie sie diese z. B. für ein Referat verbinden und neu konstruieren können, und welches Wissen sie für sich und andere daraus ableiten.

Auf diesem Weg versuchen wir, den Schülerinnen einen Zugang zu ihrem eigenen Pool an Informationen und Wissen zu ermöglichen und sie davon abzubringen, dass »gefunden schon gewusst« ist.

Dass wir das Thema bewusst in Fortbildungen und in den Unterricht einbauen, haben wir dem Frust zu verdanken, dass uns unreflektiert Informationen um die Ohren gehauen wurden, dass Schüler nichts damit anzufangen wussten, als die Informationen quasi »nachzubeten«. Die Transformation zum Wissen wurde uns immer wichtiger.

Von daher haben wir angefangen, gezielt deklaratives und Tatsachen- oder Faktenwissen, das nicht zusammenhängend, sondern fragmentarisch ist, zu prozeduralem Wissen oder Handlungswissen weiterzuentwickeln.

Wir gehen davon aus, dass informelles Wissen intrinsische Motivation schafft, weil es ein Wissen für einen selbst ist. Intrinsische Motivation basiert, entsteht und erzeugt sich aus inneren/persönlichen Überzeugungen, Werten, Maßstäben etc. (z. B. »Ich möchte das tun, weil es für mich oder auch andere gut ist«). Informelles Wissen ist in eben diesen Überzeugungen, Werten, Maßstäben eingebunden und/oder basiert auf ihnen. Von daher liegt der Schluss nahe, dass informelles Wissen intrinsische Motivation schafft, weil es ein Wissen für einen selbst ist. Reflexives Wissen ermöglicht eine Verbindung von Selbst und Sache, wie einen Rückbezug auf sich selbst. Kontextuelles Wissen umfasst Problemlösestrategien für bestimmte Kontexte. Das kontextuelle Wissen bezieht sich auf nonverbal kodiertes, analog repräsentiertes Wissen. Zu ihm gehören u. a. kognitive Landkarten, bildhafte Erinnerungen an Ereignisse, Personen und Szenen.

Erstaunlicherweise unterstützt der konsequente Weg, von der Information zu einem eigenen Wissen zu gelangen, die Schüler sehr. Er weckt Neugierde und bei Schülerinnen eine positive Haltung gegenüber sich selbst. Die Frage »Wozu muss ich das Lernen?« bleibt nicht unbeantwortet, oft können Schüler in der Mittelstufe diese schon sehr selbstbewusst für sich beantworten.

Für uns reicht es nicht aus, wenn man weiß, wo es steht! Und noch weniger reicht es aus, wenn ich weiß, »Das finde ich im Internet«. Wir möchten, dass sich unsere Schüler in der digitalen Welt gut zurechtfinden und ihr Leben darin bewältigen können. Dafür benötigen sie eigenes, analoges Wissen. Die Transferarbeit von der Information zum Wissen überlassen wir jedoch nicht dem Zufall, dem Glück oder sonstigen Beliebigkeiten. Wir regen ständig dazu an und gestalten für Schüler Möglichkeiten, die Erfahrung des Transfers zu machen.

Außerdem gelingt es auf diesem Weg, dem in der Schule weit verbreiteten Phänomen, der Langeweile, vorzubeugen. Besonders der offensiven Langeweile, die eine demonstrative Verhaltensweise des Betroffenen ist und die eine Botschaft an seine Umwelt aussendet, kann ganz gut begegnet werden, denn es passiert im Unterricht ja ständig etwas. Ich denke, ich konstruiere, ich werde überrascht, ich überrasche mich selbst.

In aller Offenheit: Manchmal gelingt es – manchmal nicht.

Präsentationsfähigkeiten

Die digitale Welt mit ihren sozialen Netzwerken ist das Medium schlechthin für alle Formen der Selbstdarstellung. Das Netz ist das Forum der Narzissten, die Plattform der Ich-Präsentation ohne Grenzen.

Der Abstand von Raum und Zeit, das nicht vorhandene Gefühl der direkten Kommunikation und andere Einflüsse geben die Gelegenheit zu den oben genannten Auswüchsen. Und dennoch gehört die Selbstpräsentation zur Adoleszenz unabdingbar dazu. Schülerinnen müssen sich ausprobieren können, sie müssen sich zeigen und gegenseitig vorstellen können.

KONKRET

Wir akzeptieren das und nutzen den Unterricht dafür. Wir selbst präsentieren unseren Schülern ständig unsere Unterrichtsvorbereitungen und geben ihnen die Gelegenheit, uns ihr Wissen, ihre Erarbeitungen darzustellen.

Dabei überlassen wir sie aber nicht sich selbst. Für eine gute Präsentation eines Referats oder einer Arbeit gibt es Regeln und Hinweise. Diese haben wir sukzessive eingeführt. Wir haben aber auch die Schülerinnen immer wieder aufgefordert, sich gegenseitig qualifizierte Rückmeldungen zu geben. Auch hierfür haben wir Kriterien eingeführt oder mit den Schülern gemeinsam erarbeitet.

Für uns selbst gilt das auch. Auch wir stellen unsere Präsentationen »in den Raum« und fordern Rückmeldungen von den Schülerinnen. Das tut uns gut und wir können uns weiterentwickeln. Wir hören, wo wir zu kompliziert sind, unverständlich sprechen oder nicht nachvollziehbar erläutern. Ein Geschenk unserer Schüler und Seminarteilnehmer an uns! Danke dafür.

Vielleicht liegt es ja an uns. Aber wir legen gesteigerten Wert auf Ästhetik. Wir sind keine *high-end finisher* und schrauben an einem Arbeitsblatt noch zwei Stunden rum, wenn wir eigentlich schon längst fertig sind.

Das *Paretoprinzip* ist uns bekannt und wir versuchen es anzuwenden, wo wir nur können. Aber: Wir wählen Medien nach Kriterien wie Schönheit, Stimmigkeit, Formen und anderen ästhetischen Motiven aus. Wir nehmen gerne Bezug auf Immanuel Kant. Erkenntnis richtet sich auf das Erkennen des Objekts, Ästhetik oder der Geschmack, wie Kant sagt, auf das Subjekt.

Das Schöne ist also ein Geschmacksurteil ohne Interesse, anders als das Erkenntnisvermögen, welche das Objekt interessengeleitet analysiert. Das Schöne ist aber nicht bloß eine Angelegenheit der Betrachtung, es ist allerdings auch nicht einfach sinngeleitet. Die sinnliche Empfindung bezeichnet Kant als das Angenehme, das keineswegs interesselos ist. Das Schöne ist freies Wohlgefallen, eben weil es sich keinen spezifischen Interessen unterordnet. Dennoch ist es nicht willkürlich. Wir möchten, dass Lernende Inhalte mit allen Sinnen wahrnehmen.

In Fortbildungen und Unterricht erhalten wir oft die Rückmeldung, dass unsere Teilnehmenden es genießen, dass sie »schöne« Dinge sehen. Es falle ihnen leichter, sich auf die Inhalte einzulassen, weil sie das Gefühl haben, dass diese ästhetisch sind und das tue ihnen gut.

Auswirkungen
Aus all diesen Überlegungen geht hervor, dass in einem Unterricht, in dem Schüler Raum zur Präsentation haben, das Gefühl für das eigene »Ich« zunimmt. Die Rückmeldungen helfen ihnen, sich selbst wahrzunehmen und ihr Selbstbewusstsein stabilisiert sich und wächst.

Sie lernen zu reflektieren, was sie zeigen und sagen wollen und wie es ihnen gelingen kann. Sie sondieren, was ihnen wichtig ist, worauf sie aufmerksam machen und was sie mit den anderen teilen wollen. Und siehe, sie legen Wert auf eine ansprechende Präsentation. Einfach so.

Zudem steigert sich ihre Ausdrucksfähigkeit. Haben wir früher oft gehört: »Keine Ahnung ...«, so hat das deutlich nachgelassen.

Nun hoffen wir, dass diese Fertigkeiten sich bei ihnen auch übertragen, wenn sie sich im Netz selbst präsentieren. Wir hoffen, dass sie Wert auf Qualität legen und sich mit einem reflektierten Selbstwertgefühl dort darstellen. Ob das so ist, das wissen wir nicht. Wir fragen auch nicht danach. Denn wir respektieren die Privatsphäre unserer Schülerinnen, genauso wie wir möchten, dass sie auch unsere akzeptieren. Darum schauen wir uns keine Accounts von ihnen in sozialen Netzwerken an. Da sind wir konsequent.

Ethik und verantwortliches Verhalten

Die Forderung, dass alles im frei zugänglichen Netz auch von allen Menschen für alles benutzt werden darf, steht im Raum. Manche verhalten sich bereits so, aber der Großteil ist verunsichert.

Wie kann ich mich verantwortungsbewusst in der digitalen Welt verhalten? Worauf muss man achten, wo sind die Grenzen und wie kann ich mich schützen? Das Internet und die digitale Welt schaffen ungemeine Möglichkeiten und Zugänge zu Informationen und des Austausches bisher unbekannten Ausmaßes, gleichzeitig aber ist es eine Welt, die uns ängstigt und zurückschrecken lässt. Das ist nicht unberechtigt, denn die permanenten Nachrichten über Cybermobbing, Datenraub und anderes sind nicht nur irritierend, sondern spiegeln die Gefahren wider.

Es ist eine hohe Ambivalenz vorhanden und der Grund zur Sorge besteht!

KONKRET

Darum empfehlen wir einen aufmerksamen Umgang mit uns selbst und in der digitalen Welt. Als Erwachsene trennen wir strikt zwischen beruflicher und privater Existenz im Netz. Die schulische Homepage und E-Mail-Adresse sind für den beruflichen Kontext da, die privaten Adressen und unser Mitwirken in sozialen Netzwerken sind und bleiben den privaten Kontakten vorbehalten.

Für schulische Zwecke nutzen wir rpi-virtuell.de oder die uns von der Schule oder vom Schulträger zur Verfügung gestellten Plattformen. Freie »Social Media-Plattformen« (wie Facebook, WhatsApp) aller Art und Form nutzen wir für den Umgang mit Schülerinnen und Schülern überhaupt nicht.

Verantwortliche Kommunikation

Ein altes Sprichwort sagt: »Wie man in den Wald hineinruft, so schallt es auch heraus.« Da ist viel Weisheit drin. Unsere Beobachtungen legen nahe, dass die Menschen, die mit anderen verantwortungsbewusst und eindeutig im Netz kommunizieren, auch sehr wenige Probleme haben. Das ist keine Garantie, aber es scheint ganz gut zu funktionieren.

KONKRET

Wenn es an der gesamten Schule keine »Netiquette« gibt, dann empfehlen wir dringend, für die Lerngruppen, mit denen man netzunterstützt arbeiten möchte, eine aufzustellen. Man könnte sie auch aus dem Netz herunterladen. Davon raten wir ab. Die Lerngruppe soll sich gemeinsam einigen, wie sie im Netz miteinander kommunizieren möchte. Welche Achtsamkeiten sie entwickeln will und wie sie

Verstöße sanktionieren möchte. Dann sind das die eigenen Regeln und das funktioniert unglaublich gut.[8]

Super schön ist es, wenn die Netiquette von Schülern auch auf ihr privates Verhalten im Netz übertragen wird. Ab und an hören wir davon und freuen uns. Uns ist mittlerweile klar geworden, dass Schülerinnen Unterstützung brauchen, wie sie sich im Netz bewegen können. Das leisten wir auf diesem Weg sehr gern.

Mediengebrauch und Nutzung

Mehrfach haben wir schon von der bewussten und unbewussten Vorbildfunktion der Lehrer gesprochen. Hinsichtlich unseres Mediengebrauchs aus dem Netz nehmen wir diese sehr geflissentlich und ausdrücklich wahr. Lieber schreiben wir einmal eine E-Mail mehr an Homepagebetreiber und fragen nach, ob wir das verwenden dürfen. Bisher haben wir fast immer gute Erfahrungen gemacht und die Erlaubnis erhalten. Das erzählen wir unseren Schülern. Die Grundregeln des Medienrechts[9] haben wir uns angelesen und beherzigen und verbreiten sie.

Zudem achten wir sehr darauf, welche Medien unsere Schülerinnen einsetzen und fordern von ihnen »korrekte« Quellenangaben.[10] Auch sie können recherchieren, ob die Medien zur Weiterverwendung frei sind.

Im Laufe der Zeit hat sich das gut eingespielt und wir halten uns gemeinsam daran: Nicht alles, was machbar ist, dürfen wir auch machen.

Gibt es überhaupt einen Unterschied zwischen unserem Verhalten im digitalen Lernraum und im Präsenzunterricht? Für uns nicht. Jedem Menschen, mit dem wir digital kommunizieren, möchten wir auch persönlich begegnen können. Wir vermitteln konsequent, dass

---

8 Ein Praxisbeispiel finden Sie unter http://www.dibu-schule.nothbaum.com/html/hilfe/help_netiquette.html, Zugriff am 18.07.2017.

9 Weiterführende Informationen verfügbar unter https://www.internet-abc.de/lehrkraefte/praxishilfen/urheberrecht-in-der-schule/, Zugriff am 03.07.2017.

10 Autor, Titel, Ort, Jahreszahl, (ggf.) Seitenzahl, Quelle (Internetadresse), letztes Zugriffsdatum.

wir im Netz mit Menschen umgehen und zwar so, wie wir es auch im Klassenraum, in der Schule oder sonst wo tun würden.

 Digitale Kommunikation ist reale Kommunikation!
Also folgt sie auch den gleichen Regeln und Ansprüchen. Aus diesen Gründen überlassen wir unsere Schüler der digitalen Welt nicht ohne Begleitung. Wir stehen ihnen zur Verfügung und sind behilflich, sich darin zu orientieren und ihre digitale Existenz mit ihrer analogen in eine gute Balance zu bringen.

Gemeinsames Lernen

Ein von Hartmut Rosa (2014) markant angezeigtes Merkmal der digitalen Welt ist der Verlust des Unterschiedes zwischen Raum und Zeit. Digitalität kennt beides nicht und ist allgegenwärtig und allpräsent. Das hat Vorteile und absolut nervige Nachteile. Es gibt keinen Feierabend und keinen Urlaub mehr. Ich bin überall und immer erreichbar. Habe ich meine Empfänger ausgeschaltet, ist mein schlechtes Gewissen getriggert und sendet blöde Signale. Da müssen wir noch viel lernen, denn es braucht einen absolut erwachsenen und resoluten Umgang mit der Digitalität.

Für das Lernen aber gibt es einen Vorteil. Unabhängig vom Raum kann ich mit anderen gemeinsam lernen und arbeiten. Das muss ja nicht immer synchron geschehen. Auch das asynchrone gemeinsame lernen ist toll. Da passiert etwas an einer gemeinsamen Aufgabe, da wird ein Thema in meiner Abwesenheit vorangetrieben.

Große Teile dieses Buches sind per Netz entstanden. Wir nutzten ein sogenanntes »kollaboratives Dokument«. An diesem haben wir gemeinsam gearbeitet. Jederzeit sahen wir die Veränderungen, Erweiterungen und Korrekturen, die der andere vorgenommen hat. Wir haben die Kommentarfunktion genutzt, um dem anderen Hinweise zu geben. Wir haben sie umfunktioniert und uns Fragen gestellt, Aufgaben abgesprochen und uns ermutigt. Wir hatten stets dasselbe Dokument vorliegen, mussten uns nicht durch verschiedene Versionen durchquälen, sahen, was der andere gerade machte. Besonders schön waren die Momente, wo wir gleichzeitig daran gearbeitet haben. Jeder an seinen Abschnitten und trotzdem war es irgendwie besonders und machte Spaß.

KONKRET

Für Lehrer sind kollaborative Dokumente ein Geschenk der digitalen Welt. Protokolle online erstellen, korrigieren und dann allen betroffenen Personen zustellen ist ein ungemeiner Zeitgewinn.

Gleiches gilt für das Erstellen von Arbeitshilfen und anderen Materialien. Schüler haben daran ebenso ihren Spaß. Es erhöht die Motivation zur Zusammenarbeit, stärkt das Gruppenerleben und dadurch stabilisiert sich die soziale Netzkompetenz, die sich wiederum auf den persönlichen Umgang positiv auswirkt. Je nachdem können Textteile so markiert werden, dass Lehrerinnen nachvollziehen können, wer welche Teile erstellt hat und sich so ein Bild über das Engagement der einzelnen Schülerinnen machen.

Nicht immer, aber sehr oft gelingt es, dass Schüler sich untereinander zur Mitarbeit anhalten. Gut ist, wenn Lehrer Zugang zu solchen Dokumenten haben und ab und an mal nachsehen, wie es läuft. Toll ist, dass sie durch Kommentare verhindern können, dass die Schüler sich verrennen. Diese Möglichkeit gab es bisher nicht in dieser Form. Da kamen Schüler mit ihren Ergebnissen in den Unterricht und wir mussten ihnen sagen, dass sie auf dem falschen Dampfer sind oder sie mussten bis zur nächsten Stunde warten, um ihre Fragen klären zu können.

Ist das Mehrarbeit und verlangt das von Lehrerinnen eine »Rundum-die-Uhr-Präsenz«? Wir denken nicht. Klare Absprachen helfen, ebenso wie eine gelingende Selbstdisziplin. Wir schauen mal rein, wenn wir Zeit haben und sagen aber auch, dass wir da waren. Wir machen das nie heimlich. Wir vereinbaren mit Schülerinnen, dass sie uns anschreiben können, wenn sie unbedingt und zeitnah Hilfe brauchen, damit sie weiterarbeiten können. En gros gelingt das – mit der Zeit baut sich eine gute Balance auf.

Die Vorteile überwiegen. Die Schüler haben einen Zugewinn an digitaler Kompetenz und machen Erfahrungen, wie synchrones und asynchrones gemeinsames Arbeiten im Netz gelingen kann. Zudem macht es ihnen viel Spaß und erhöht ihre Arbeitsmotivation.

5 Das multimediale Paradigma – Eine Antwort auf die Bedürfnislage der Wissensgesellschaft

Digitale Medien durchdringen inzwischen den Alltag unserer Gesellschaft. Sei es das Lesen von Nachrichten simultan zum morgendlichen Zeitunglesen, das Kommentieren von Artikeln, das Lesen und Verfassen von E-Mails von unterwegs, das Abrufen oder Bereitstellen von Daten während der Dienstreise oder der Fortbildung, das Betrachten von Videos, Bildern oder das Hören von Podcasts und Musik auf dem Smartphone, das Eingeben von Noten, das Verfassen von Förderplänen, die Kommunikation über *Instant Messenger* und vieles mehr.

Der Diskurs über die digitalen Medien erfährt durch ihre Rahmung als multimediales Paradigma der Menschheitsgeschichte seit dem ausgehenden 20. Jahrhundert oftmals widersprüchliche Wendungen, die von einer strikten Ablehnung bis zu einem euphorischen Nutzungscharakter im gesellschaftlichen sowie im schulischen Rahmen reichen. Einige Beispiele aus der Vergangenheit bieten Anlass dazu, genauer über paradigmatische Wandelprozesse nachzudenken:

1. Die kopernikanische Wende vom geozentrischen zum heliozentrischen Weltbild.
2. Die Ablösung der Newtonschen Quantenmechanik durch Einsteins Relativitätstheorie.

Die kopernikanische Wende markiert die Ablösung des *ptolemäischen* – also eines geozentrischen/erdzentrierten – Weltbilds. Der Heliozentrismus erzeugte eine neue Sichtweise auf die Erde. Sie war nur noch einer von vielen Planeten und verlor somit seine einzigartige Rolle der Mitte des Kosmos.

»What gets us into trouble is not what we don't know, it's what we know for sure that just ain't so.« Mark Twain (1835–1910)

Nach der Bibel war vor allem das Werk *Elemente* des Euklid (griech. Mathematiker) das zweitmeistgedruckte Buch der Welt und stellte insofern eine Revolution dar, als dass es die Geometrie axiomatisch-deduktiv erklärte. Man glaubte auch danach noch eine lange Zeit, Newtons Mechanik und das Denken in euklidischen Räumen (d.h. der Raum unserer Anschauung) wäre als die alleinige physikalische Wahrheit zu betrachten. Jedoch stellte sich durch Einsteins Relativitätstheorie heraus, dass auch nicht-euklidische Räume existieren müssen.

Die Veränderungen durch den Einzug digitaler Medien in den Alltag der Menschen sind auch eine Revolution. Sie haben direkte Auswirkungen auf unser tägliches Leben und Erleben.

Um zu verstehen, welche Auswirkungen paradigmatische Wandelprozesse auf den Menschen haben, werden im Folgenden die vier Paradigmen der Menschheitsgeschichte kurz erläutert (vgl. Frederking 2008a):

- Oralität
- Literalität
- Audio-Visualität
- Multimedialität.

Die Oralität geht von einer »phylogenetische[n] Phase primärer Mündlichkeit« (Frederking 2008a, S. 27) aus – das heißt, sie beschreibt etwa Gesellschaften, die vorliteral sind und somit keine Schriftsprache besitzen oder produziert haben. Der Unterschied zur technisch-gestützten Kommunikation liegt hier vor allem darin, dass sich die Botschaft nur von Sender- zur Empfängerposition bewegt. »In der wirklichen menschlichen Kommunikation muss sich der Sender nicht nur in der Sender-Position, sondern ebenso auch in der Empfänger Position befinden […]« (Ong 1982, S. 173 f.). Folglich findet auch in vorliteralen Kulturen Kommunikation nie ohne eine unmittelbare Kommunikation in einem bestimmten Kontext statt (vgl. Frederking 2008a, S. 29).

Das literale Paradigma beginnt mit der Erfindung der Schrift (ebd.). Die Schrift findet hierbei verschiedene Bezeichnungen – Kogler nennt sie ein »visuelles Speichermedium« (Kogler 1998, S. 32), Wolfgang Raible bezeichnet sie als »Trägermedium« oder »Aufzeichnungssystem« (Raible 2006, S. 75). Die Entwicklung des literalen Paradigmas lässt sich wiederum in die skriptografischen und typografischen Medien unterteilen (Frederking 2008a, S. 29). Das skriptografische Stadium beschreibt die Phase der Verschriftlichung – hier wurden »umfangreiche Bücher in handschriftlicher Form« (ebd.) verfasst oder kopiert. Auch dieses Paradigma stieß schon in der Antike auf Gegner. So sagte bereits Sokrates: »Diese Erfindung wird den Seelen der Lernenden […] Vergessenheit einflößen aus Vernachlässigung der Erinnerung« (Sokrates, Phaidros 275A). Das typografische Stadium setzt mit der technischen Revolution des Buchdrucks durch Gutenberg ein (vgl. Frederking 2008a, S. 61). »Damit ging der allmähliche Übergang von dem bis ins Mittelalter gebräuchlichen lauten Lesen zu dem in der Neuzeit dominierenden stillen Lesen einher« (ebd.).

Im Zuge der industriellen Revolution und der damit einhergehenden Technologisierung wurde der »Übergang zum audio-visuellen Paradigma« (ebd.) geschaffen, das zu einer Plurimedialität führte, die etwa technische Revolutionen wie das Telefon, das Radio, das Grammophon, die Schallplatte, die Fotografie und den Film hervorbrachte.

Das multimediale Paradigma führte seinerseits zu einer weiteren Radikalisierung dieses Prozesses (vgl. Frederking 2008a, S. 61). Der Computer vereint als *Symmedium* alle bisher als Einzelmedien bekannten Formate, wie etwa Text, Bild, Ton und Film, auf »einer Rezeptions- und Produktionsebene«. Eine weitere Radikalisierung dieses Prozesses stellte das Internet dar, welches die Welt in »ein vernetztes globales Dorf« (ebd.) verwandelte. Das Internet ermöglicht es zusätzlich, in Form von virtueller Kommunikation und Kooperation, Präsentation und Recherche, »intermediale Verweisstrukturen« (ebd.) zu nutzen. Dies lässt neue Kombinationen von Lehr-Lernmethoden zu, um Lernprozesse zu ermöglichen. Es lassen sich z.B. prozessorientierte Entwicklungsprozesse anlegen und individuell nachvollziehen. Die Entstehung des Lernstoffes kann in seiner Entstehung erneut von den Lehrenden und Lernenden nachvollzogen werden. Die Schule muss sich diesem Wandelprozess öffnen, um neue Lernwege zu ermöglichen, die Lehrer und Schüler befähigen, den Anforderungen der Wissensgesellschaft gerecht zu werden. Das Web 2.0 muss als ein dritter Raum verstanden werden, der Möglichkeiten gesellschaftlicher und kultureller Partizipation bietet.

Mobiles Lernen: Cyberspace als dritter Raum

Die Geschichte der digitalen Medien ist »untrennbar mit dem zugrundeliegenden Medienbegriff und dem damit einhergehenden wissenschaftlichen Bezugssystem verbunden« (Frederking 2008a, S. 25).

»Versteht man Gutenbergs Erfindung des Buchdrucks als technische Revolution, die ein neues Paradigma – nämlich das literal-typographische – eingeleitet bzw. etabliert hat, so wird dieses Paradigma nun durch die digitalen Multi- bzw. Symmedien Computer und Internet in seinen Fundamenten herausgefordert.« (Frederking/Jonas 2008b (Zugriff am 01.11.2016), S. 15–16)

Viele Lehrer sind Vertreter einer literalen Bildung, sodass Paradigmenkonflikte entstehen, die das neue Paradigma Multimedialität dem Paradigma des literal-typografischen gegenüberstellen. Somit entstehen Widerstände, die das Thema *Neue Medien* im wissenschaftlichen Diskurs ausgrenzen (ebd., S. 17).

»In dem monomedial verengten literalen Sozialisationshorizont des ausgehenden Gutenberg-Zeitalters bewegen sich – bewusst oder unbewusst – immer noch zahlreiche Medienkritiken der Gegenwart. In vielen Fällen handelt es sich um Argumentationen, die den von Kuhn beschriebenen Reaktionsmustern von Vertreter(inne)n eines in Auflösung befindlichen Paradigmas entsprechen« (Frederking/Jonas 2008b, S. 25).

Diese Negierung des medialen Paradigmas verkennt, dass mit den »neuen digitalen Symmedien Computer und Internet eine medienkulturgeschichtliche Renaissance älterer Kulturformen und -praktiken verbunden ist [...]« (ebd.). An dieser Stelle bietet es sich an, zu fragen, wie die Multimedialität als Paradigma zu definieren ist, und wie sie sich von Paradigmen wie Oralität, Literalität und Audio-Visualität abgrenzt. Thomas Kuhn bietet einen Definitionsvorschlag für das mediale Paradigma:

»Ein mediales Paradigma umfasst die durch ein Medium bzw. einen Medienverbund maßgeblich geprägte gesellschaftliche, technische, wissenschaftliche und kulturelle Wirklichkeit in einem spezifischen Entwicklungsstadium der Anthropo- bzw. Phylogenese, d. h. der Menschheitsgeschichte.« (Kuhn, Thomas 1962 zit. nach Frederking 2008a, S. 26)

Als Beispiel für die Auswirkungen eines Paradigmenwechsels wäre etwa Thommaso Cassais (Massacio) Fresko *Die Heilige Dreifaltigkeit* in der Florenzer Kapelle St. Maria Novella zu nennen. Bei der Einnahme eines idealen Standpunktes ergibt sich im Auge des Betrachters ein Raum in »Brunelleschis modernem Baustil« (Scheibel 2011, S. 193). Diese Technik ist heute gemeinhin als Zentralperspektive bekannt. Die Entwicklung der Zentralperspektive stellt hierbei eine Form der Darstellungsform von Wirklichkeit dar, die von einem bestimmten Standpunkt aus sichtbar ist (vgl. Gombrich 1996, S. 223 ff.). Zentralperspektivische Darstellungen sind stets auf die korrekte Position des Betrachters angewiesen, sodass die Perspektive als ein »Programm visueller Informationsverarbeitung« betrachtet werden kann, das von der Wahrnehmung bis zur »Speicherung und Interpretation [...] bis hin zu ihrer Darstellung in Bild und Wort« (Giesecke 2002, S. 303) verantwortlich ist.

Die Zentralperspektive stellt sich als »Nährboden für eine erkenntnistheoretische Grundhaltung dar, die sich von der oralen Kultur des Mittelalters absetzt« (Scheibel 2011, S. 194). Oralität wurde sukzessive bereichert und im Sinne der Kodierungsverfahren marginalisiert durch visuelle Wahrnehmung. Die visuelle Wahrnehmung wird zum »Prototyp der Informationsgewinnung« (ebd., S. 193–194). Selbige kann folglich als eine »interaktionsfreie Verständigung über die sichtbare Umwelt« eine Art Normierung und Entsubjektivierung des Erkenntnisprozesses verstanden werden (vgl. ebd. S. 194).

»Mag die Perspektivlehre im Spätmittelalter nur das mehr oder weniger geheime Sonderwissen einiger Kunsthandwerker gewesen sein, am Ende des Industriezeitalters lernt jedes Kind ihre geometrischen Grundlagen und wendet ihre Prinzipien bei der Verständigung über die Umwelt an. Sie bildet die erkenntnistheoretische Grundlage unserer neuzeitlichen Wissenschaft und Technik.« (Giesecke 2002, S. 301)

Während die Schulräume mittelalterlicher Rechenschulen dezentral (offen) organisiert waren, waren die Schulräume im viktorianischen Zeitalter gekennzeichnet von Zentralität (vgl. Scheibel 2011, S. 194–195). Diese

Abbildung 35: *Die heilige Dreifaltigkeit.* Kapelle St. Maria Novella in Florenz. Fresko von Thommasso Cassais (Massacio) um 1425, vgl. Wikipedia, Zugriff am 27.06.2017.

Konzeption von zentral und dezentral finden ihren Niederschlag in pädagogischen Konzepten von Fremdkontrolle und Selbstkontrolle (vgl. ebd.). Die erneute Entdeckung der offenen Schulräume geschah erst wieder durch Maria Montessoris Reformpädagogik im 20. Jahrhundert. Im Informationszeitalter begegnet man nun dem Problem einer Auflösung des Schulraumes als Bildungsraum.

»In einer Welt, die keine Fixpunkte und Konstanten mehr zu bieten scheint, ist die Zentralperspektive als erkenntnistheoretische und pädagogische Grundhaltung obsolet geworden. Das Zentrum liegt nicht mehr außerhalb, sondern in jedem einzelnen Menschen.« (Scheibel 2011, S. 196)

Diese Schlussfolgerung Scheibels ist jedoch problematischer als sie auf den ersten Blick erscheint, da sie inkonsumerabel (= nicht vergleichbar) hinsichtlich der Erkenntnismöglichkeiten ist. Die Entscheidung für ein Paradigma kann niemals eine bewusste Entscheidung sein, sondern wird im irrationalen Sinne übertragen. Da verschie

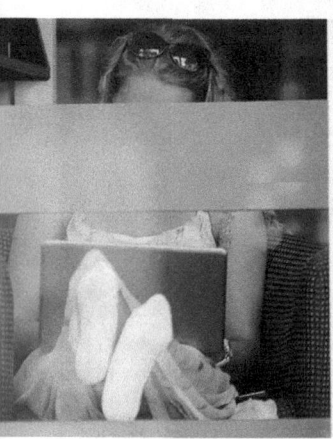

dene Paradigma aufgrund ihrer Inkommensurabilität nicht miteinander verglichen werden können, lässt sich folglich auch kaum feststellen, welches obsolet ist. Unbestreitbar ist hingegen, dass die Hightech-Gesellschaft neue Grundfertigkeiten der »Selbstorganisation, Selbstregulieren […] emotio-kognitive […] (Selbstmotivierung durch Selbstkontrolle)« (Göhlich 1993, S. 99 f.) fordert.

Hierbei wird der Schule das »simulatorische Moment« (ebd., S. 99) beigemessen, das sich wohl am besten durch Derrick de Kerckhoves Werk *Die Architektur der Intelligenz* erklären lässt, der bemerkt, dass der Cyberspace »teilweise in den anderen Arten von ›Raum‹ enthalten« (Kerckhove 2002, S. 17) ist und irgendwo zwischen dem »physischen und mentalen« (ebd.) schwebt. Daher beschreibt Kerckhove den Cyberspace als »dritten Raum« (ebd.). Der dritte Raum eröffnet somit einen Anspruch an seine Bewohner, deren »Verbindung mit dem Weltgedächtnis« (ebd., S. 49) eines Tages mit dem persönlichen Denken zusammenfallen können. Wenn der dritte Raum neue Möglichkeiten eröffnet, muss klar definiert werden, über welche Art von Zugang wir als Gestalter und Benutzer über das Weltgedächtnis verfügen und wie wir einen Beitrag leisten und wie wir seine medial vermittelte Realität dekodieren. Kerckhove geht davon aus, dass Menschen gestalterisch tätig werden und auf einer »kollektiven Bühne [...] individuelle Handlungen« (ebd., S. 88) ausführen, die wiederum als eine »vernetzende oder mediale Einstellung« (ebd.) bezeichnet werden könnten, die in einem »neuen Raumkonzept [...] in Form eines aktiven Interaktionsfeldes« (ebd.) resultiert.

Das Subjekt zwischen Mediendeterminismus und Mediologie

Wo und wie positioniert sich das Subjekt beim Übergang in die neue »radikalisierte« Form des multimedialen Paradigmas? Beim Übergang von der Graphosphäre in die Videosphäre konnten noch klar definierbare *turns* (= Wendungen) ausgemacht werden, die nun aber »vielmehr chaotische[n] Strukturen der wechselseitigen Überlagerung« (Weber 2011, S. 34) weichen.

> »Welche Konsequenzen hat dies für unser Selbstverständnis (unsere ›Identität‹), für unsere Form der Gemeinschaft und damit direkt verbunden auch für die Leitwerte oder die Legitimationsinstanzen von Ethik und alltäglichen Verhaltensweisen?« (ebd., S. 29)

Im Sinne Kants ist die Vernunft das Vermögen der Erkenntnis a priori. Wir verstehen sie als »Appellationsinstanz [...] die durch den eigenständigen Gebrauch des Verstandes die vernünftige Beherrschung der Welt (und ihrer Objekte) legitimieren soll« (Weber 2011, S. 30). Weber nimmt dabei Bezug auf einen Beitrag des ehemaligen FAZ-Mitherausgebers Schirrmacher.

Laut Schirrmacher (2009) »erhalten Computer eine nie gekannte Macht, ja sie treten selbst an die Stelle der Subjekte, sozusagen eine Form der Selbstermächtigung der Objekte« (S. 20). Geräte selbst können jedoch nicht an die Stelle der Subjekte treten, da sie nicht vernunftbegabt sind. Sie haben, ganz im Gegenteil, nur eine determinierte und prozessorientiere, sehr limitierte Anzahl an Aktionsmöglichkeiten.

Die medial vermittelte Realität stellt heute eine weitere Facette dar – sie ist heute die Repräsentation unserer Wahrnehmung, der Realität in vorgegebenen Kategorien. Allerdings kann ein Medium nichts über das hinaus zeigen oder sagen, was durch dasselbe als Inhalt vermittelt wird.

Ein Text hingegen hat keine Ontologie – er ist eine symbolische Repräsentation von Gedanken. Diese lassen sich unterschiedlich interpretieren, erlauben jedoch keinen Rückschluss auf das Wesen des Mediums, sondern demonstrieren uns die Unzulänglichkeit von Sprache oder Symboliken. Populärwissenschaftliche Thesen wie die Schirrmachers laufen in diesem Trugschluss Gefahr, eigentlich nicht vergleichbare Theorien zu vermengen und als Wahrheit zu postulieren.

»Wenn man eine Erkenntnis als Wissenschaft darstellen will, so muß man zuvor das Unterscheidende, was sie mit keiner andern gemein hat, und was ihr also eigentümlich ist, genau bestimmen können; widrigenfalls die Grenzen aller Wissenschaften ineinander laufen, und keine derselben ihrer Natur nach gründlich abgehandelt werden kann.« (Kant 1783, Prolegnomena § 1)

Aber sogar wissenschaftliche Vertreter der *mediendeterministischen* Sichtweise wie Norbert Bolz et al. (1999) verfallen dieser fehlgeleiteten Theoretik:

»Die Erde ist nicht der Mittelpunkt der Welt; der Mensch ist auch nur ein Tier; das Ich ist nicht der Herr im eigenen Haus – es ist uns einigermaßen gelungen, mit diesen narzißtischen Kränkungen umzugehen. Nun schicken sich künstliche Intelligenzen an, uns auch noch die letzte stolze Domäne streitig zu machen: das Denken.« (S. 9)

Bolz (1993) versteht die Menschen nur noch als »ein Schaltmoment im Medienverbund«. Insgesamt betrachtet ist die Funktionsweise der neuen Medien wesentlich komplizierter als es die mediendeterministischen Strömungen in der Forschung zu verstehen glauben. Bereits McLuhan und Benjamin hatten komplexere Sichtweisen auf die *Mediensphären* eingeführt (vgl. Weber 2011, S. 32). So verstand Benjamin die mediale Entwicklung als eine welthistorische Veränderung, die sich wechselseitig mit der Massengesellschaft beeinflusst. Hierbei wird Individualität immer im Spiegel gesellschaftlicher »Perzeptionsformen für Gesellschaft und Kultur« (ebd.) betrachtet. Es geht nicht mehr um »Schöpfertum und Genialität« (Benjamin 1980, S. 473). Hierbei rekurriert Benjamin auf die Mediensphären McLuhans. Ihm geht es vor allem um eine sinnliche Erfahrung der Medien:

»[…] um ihre aisthetische Wahrnehmung in unterschiedlichen historischen Konstellationen und weniger um präzise benennbare Zäsuren der Kulturgeschichte durch Medien. Sein Ansatz ist daher auch weniger mediendeterministisch, sondern beschreibt Mediensphären, in der Medien komplexe Korrelationen ausbilden und damit auch die Denkweise einer Epoche prägen.« (Weber 2011, S. 32)

Auch Ansätze der Mediologie, wie die des französischen Theoretikers Regis Debray, »wehren sich explizit gegen eine monokausale oder gar deterministische Vorstellung der Prägung durch Medien« (Weber 2011, S. 32). Es geht nicht um eine chronologische, logische Zuordnung der Mediensphären, sondern man betrachtet sie in Form einer »Gleichzeitigkeit des Ungleichzeitigen« (ebd.). Die Hypersphäre ist keine Sphäre, in der »die Reste der alten Grapho- und Videosphäre« abhandengekommen wären, sondern offenbart sich als »Kollision von Wertmaßstäben als komplexer Prozess, bei dem sich sowohl Maßstäbe aus der Vergangenheit als auch der Gegenwart oder neuerdings auch der erwarteten Zukunft wechselseitig durchdringen« (ebd., S. 34).

Das Funktionssystem Internet

Was ist das Internet? Lässt es sich systemisch erklären? Diese Fragen führen uns immer zurück zu Luhmanns Systemtheorie der Medien- und Kommunikationswissenschaft. Luhmanns Theorie (1986) ist eine *autopoietische*. Er sah Massenmedien als Träger von Kommunikationssystemen. Auch das Internet funktioniert in Anlehnung an Luhmanns Theorie nicht als *allopoietisches* System (wie etwa Maschi-

nen), sondern als Trägermedium von sozialen Kommunikationssystemen. Seit er die *Autopoietik entdeckt hat,* (vgl. Weber 2008, S. 192 ff.) bezeichnete Luhmann soziale Systeme in Anlehnung an den Biologen Humberto R. Maturanas als sich selbst reproduzierende (= *autopoietische*) Einheiten. Dies bedeutet, dass sich die Elemente, aus denen die Systeme bestehen, nur durch ihre eigenen Elemente reproduzieren können (vgl. Luhmann, 2004, S. 109). Soziale Systeme haben sich entwickelt, um eine spezifische Funktion für die Gesamtgesellschaft wahrzunehmen. Wenn dem zugestimmt wird, dann stellt sich die Frage, welche Funktionen und Aufgaben z. B. soziale Netzwerke und Foren in der heutigen Gesellschaft übernehmen.

Für Luhmann bestehen die Systeme im Eigentlichen nicht aus Menschen, sondern aus »Kommunikationen, an die weitere Kommunikationen autopoietisch anschließen« (ebd., S. 195–196). Sie funktionieren also überschneidungsfrei. Auch wenn Luhmann bereits seit 1998 verstorben ist und somit die aktuellen Massenmedien nicht mehr kennengelernt hat, ist die Grundlage seines systemischen Denkens dennoch wichtig, um auch die Entwicklungen des Internets als Funktionssystem zu verstehen. Digitalität und Analogität funktionieren heute »überschneidungsfrei« miteinander in unserem Alltag. Für die Schulpraxis ist es wichtig festzuhalten, dass wir diese beiden Dimensionen unseres Lebens nicht mehr getrennt behandeln können und nicht »in zwei Welten« unterrichten sollten.

Das Web 2.0 als Leitmedium

Das Internet vereint auf eine uns bis dato unbekannte Art und Weise Medien aller Art und vernetzt sie, wodurch insbesondere die »Möglichkeiten des Web 2.0 im Speziellen weitreichende Auswirkungen auf die Wissenskultur unserer westlichen Gesellschaft« (Pscheida 2010, S. 247) haben. Im Zuge dieser Revolution avancierte das Internet zum Leitmedium. Ein Medium ermöglicht es technisch, bestimmte Sachverhalte zu präsentierten, sie zu speichern, zu teilen und über sie in Kontakt zu treten (vgl. Pscheida 2010, S. 248). Medien enthalten somit ein »kulturelles Strukturierungspotential« (ebd.). Jedes Medium kann einen Kommunikationskanal mit einem spezifischen Leistungsvermögen öffnen.

Das Leitmedium ist ein Medium, das auf bereits vorhandene Möglichkeiten zurückgreift, und deshalb eine ganz konkrete kulturelle Funktion in der Gesellschaft einnimmt. Sein Einfluss ist so stark, dass es die Kultur prägt und verändert. Es ist die umgebende »gesamtgesellschaftlich relevante soziokulturelle Bedürfnislage« (ebd., S. 250), die aus einem Medium ein Leitmedium macht. Es antwortet auf diese Bedürfnislage der Gesellschaft so einzigartig wie kein anderes Medium und darum kann es die Rolle des Leitmediums ausfüllen.

Diese Rolle hat das Internet eingenommen. Es ergibt sich jedoch eine spezifische Problematik. Die Menge des potenziell verfügbaren, gesellschaftlichen Wissens steigt exorbitant und gleichzeitig ist das Wissen nur begrenzt aktuell oder komplett vorhanden. Es ist nur eingeschränkt frei verfügbar.

Das Web 2.0 bedient einerseits die »Bedürfnislagen der Wissensgesellschaft« (Pscheida 2010, S. 258). Es transformiert Wissensbestände in ein, sich ständig aktualisierendes »kulturelles Gedächtnis der westlichen Gesellschaften« (ebd.) und hat eine quasi enzyklopädische Funktion. Gleichzeitig ist das Web 2.0 vor allem ein Beteiligungsmedium. Blogs, Podcasts, Wikis und Soziale Netzwerke verkörpern eine neue Generation der interaktiven und partizipativen Internetnutzung. Diese plötzliche Expansion der Partizipation hat alle Dimensionen des Alltags erfasst. Aus passiven Rezipienten wurden vielfältige aktive Produzenten.

Dieser Prozess der Wissensverbreitung hat eine »Tendenz zur weiteren Steigerung der wissensgesellschaftlichen Komplexität« (ebd., S. 259). An dieser Stelle ergibt sich die Problematik der Generierung funktionalen Wissens: Wissen muss heute vor allem praktisch anwendbar sein und in diesem Sinne wechselnden situativen und jeweils subjektiv-individuellen Ansprüchen genügen.

Der Weg der Wissensproduktion wird unter dem Eindruck der wissensgesellschaftlichen Herausforderungen heute also grundsätzlich von seinem Ende her gedacht. Folglich muss Wissen auch nicht mehr als objektive Wahrheit verkündet werden, sondern wird stattdessen oftmals als Konsens gehandhabt, welcher jeweils neu auszuhandeln bzw. herzustellen ist (ebd., S. 260–261). Das hierdurch entstehende »Laien-Expertentum« (ebd., S. 262) im Web 2.0 ist nicht gesichert und zweifelhaft. Die positiv zu betrachtende Partizipationsmöglichkeit erfährt durch die laienhafte Wissensverbreitung einen negativen Beigeschmack. Das erleben wir in der Schule täglich, wenn Schülerinnen unreflektiert Informationen aus dem Internet zusammentragen.

Dieses Leitmedium reagiert also nicht nur auf die gesellschaftlichen Bedürfnisse, sondern gewinnt eine bisher unbekannte Eigendynamik. Heute muss jedes Individuum in der Lage sein, sich dem stetigen Wandel des Internets als Leitmedium immer wieder neu anzupassen. Dies entspricht der Idee eines lebenslangen, selbstgesteuerten Lernens, eines Lernens für das in der Schule Voraussetzungen erst geschaffen werden müssen.

6 Medienkompetenz als Teil gesellschaftlicher Handlungsfähigkeit

Der Begriff der Medienkompetenz fungiert oft als leere Hülse im bildungspolitischen und mitunter auch im wissenschaftlichen Diskurs. Er wird in jeder Hinsicht als ein Begriff benutzt, der beschreibt, welche Fähigkeiten und Fertigkeiten Schüler durch das medienpädagogische Handeln der Lehrer erlangen sollen (vgl. Schorb 2005, S. 257). Wie jedoch funktioniert die Mediatisierung von Wissen, Inhalten und sozialen Dispositionen in unserem medienkonvergenten (Schul-)Alltag? Frei nach Norbert Groeben denken wir, dass die Formulierung der Medienkompetenz als sozialer Reflex auf die Anforderungen eines multimedialen Paradigmas zu beschreiben ist. Er prägt aber seit Jahren den wissenschaftli-  chen Diskurs (vgl. Groeben/Hurrelmann 2002, S. 11). Nach Baacke (1997, S. 96 ff.) umfasst die Medienkompetenz vier Dimensionen: Medienkritik, Medienkunde, Mediennutzung und Mediengestaltung. Diese vier Dimensionen sind grob betrachtet Fähigkeiten, die das Individuum dazu befähigen sollen, gesellschaftliche Prozesse[11] zu

---

11 Hierbei ist die Art der Nutzung in unterschiedliche Phasen zu unterteilen, von der rezeptiven Nutzung, zur interaktiven und innovativen bis hin zur kreativen Nutzung (vgl. Mikos 2011, S. 29). Sie beschreibt also die »individuelle und gesellschaftliche Handlungsfähigkeit der Menschen[,] verbunden mit der gezielten Aneignung und Nutzung der Medien« (Schorb 2005, S. 258). Die Mediennutzung impliziert somit »Prozesse des Mitbedenkens« (Boeckmann 1996, S. 37).

verstehen und »reflexiv auf das eigene Handeln anzuwenden« (Mikos 2010, S. 29). Der Kompetenzbegriff stammt ursprünglich aus der Sprachwissenschaft. Er wird somit also auf den Bereich der Medienkommunikation übertragen und bedeutet gleichsam »Kompetenz und Performanz, also die Wissensverfügung und die Gebrauchsfertigkeit in allen Bereichen von Mediennutzung« (Köhnen 2011, S. 214).

»Kommunikative Kompetenz ist somit die Beherrschung der Kommunikation ihrer Implikate und Regeln zur Gestaltung eines gleichberechtigten sozialen wie individuellen Lebens, basierend auf der Analyse der vorfindlichen veröffentlichten Kommunikation. Medienkompetenz meint dann die Eingrenzung der Kommunikativen Kompetenz auf das Handeln mit Medien.« (Schorb 2005, S. 258)

Alle Dimensionen der Medienkompetenz sehen wir folglich eingebettet in Wirklichkeitsbereiche, sodass sowohl Schülern als auch Lehrern bei der Nutzung, Produktion und Reflexion von Medien soziale und kulturelle Kompetenzen abverlangt werden (vgl. Mikos 2010, S. 29). Daher muss Medienkompetenz in diesem Sinne als ein Konzept der gesellschaftlichen Handlungsfähigkeit betrachtet werden (vgl. Groeben/Hurrelmann 2002, S. 116 ff.).

»Die Mediatisierung aller Wirklichkeitsbezüge schließlich impliziert die Notwendigkeit, im Handeln über die intersubjektive Kommunikation hinaus zu denken, die Ambivalenz auszuhalten, dass eigene wie fremde Wirklichkeitskonzepte und Normvorstellungen durch die Medien präformiert, aber auch erweitert werden, dass in der Mediengesellschaft öffentliches Handeln nicht im ›herrschaftsfreien Diskurs‹ und besseren Argument gesichert ist, sondern der mediengerechten Inszenierung bedarf. Gesellschaftlich handlungsfähig ist das Subjekt unter diesen Bedingungen vermutlich aufgrund eines flexiblen, toleranten und dialogischen Umgangs mit Alterität in sich selbst und anderen in der unmittelbaren sozialen Interaktion und aufgrund eines kritisch-konstruktiven, aber auch distanzierten bis spielerisch-ironischen Umgangs mit den anonymen Anforderungen von Institutionen und Systemen« (Groeben/Hurrelmann 2002, S. 122).

Die Problematik der Herleitung dieser Begrifflichkeit Medienkompetenz sehen wir folglich in seiner Kompetenzdimension. Es ist »besonders schwierig, den Gegenstandsbereich, auf den sich die Kompetenz beziehen soll, präziser einzugrenzen […]« (ebd., S. 12). Hierzu kann man beispielsweise die Herleitung des Begriffes aus der Kommunikationswissenschaft betrachten: Noam Chomskys Grammatiktheorie spricht in Bezug auf die Kompetenz schließlich von »angeborenen Universalien« (ebd., S. 12). Die Erweiterung des Begriffes durch Habermas in ein Konzept der kommunikativen Kompetenz ist ebenfalls nicht unproblematisch, da nun auch gesellschaftlich-normative und kritische Perspektiven mit einbezogen werden müssen (vgl. ebd., S. 12). So kann es zu »Inkohärenzen zwischen deskriptiver und normativer Ebene des Konzepts« (ebd., S. 12) kommen.

»Man wird demgegenüber für eine empirisch operationalisierbare und zugleich theoretisch fruchtbare Konzeptualisierung des Medienbegriffs sicher daran festhalten müssen, dass die Medien in ihrer Gesamtheit (auch der primär technologisch verstandenen Kommunikationsmittel) als Mediensystem eine Sozialisations- und Enkulturationsfunktion besitzen [...]« (Groeben/Hurrelmann 2002, S. 14)

Groeben schlussfolgert, dass von einem Medienbegriff »mittlerer Reichweite« (ebd.) gesprochen werden muss, der eine Wirklichkeitskonstruktion im Sinne kommunikativer Handlungsfähigkeit impliziert (vgl. ebd.). Die Form einer angeborenen (auf Chomskys angeborene Universalität rekurrierende) Form kommunikativer Handlung im Rahmen von Medienkompetenz muss ausgeschlossen werden (ebd., S. 15). Ebenfalls auszuschließen ist laut Groeben das Postulat eines »universellen, mental verankerten Regelsystems, das im Konzept der kommunikativen Kompetenz Habermas« (Groeben/Hurrelmann 2002, S. 14) angelegt ist. Der Kompetenzbegriff muss von »einer Interaktion zwischen Persönlichkeitsdispositionen und Situation« (Groeben/Hurrelmann 2002, S. 14) ausgehen. Hierbei muss sowohl die aktuelle Manifestation als auch die ontogenetische Entwicklung der Medienkompetenz berücksichtigt werden. Was bleibt ist jedoch eine normative Perspektive, die der Medienkompetenz eine ideale Zielvorstellung zuschreibt (vgl. ebd.).

»Bei der kommunikativen Kompetenz handelt es sich um die sog. ideale Sprechsituation; die Explikation von Medienkompetenz wird zu klären haben, welche normativen Zielvorstellungen hier eine konstitutive Rolle spielen (sollen). Die Verbindung von Medienkompetenz mit generellen Kompetenzebenen läuft also letztlich auf die Explikation der anthropologischen Wertungsimplikationen hinaus.« (Groeben/Hurrelmann 2002, S. 16)

Die Medienkompetenz erhält einen mehrdimensionalen Bezug zum »Wissen der handelnden Subjekte; zu deren Bedürfnissen, Wünschen und Phantasien; zu alltäglichen Handlungssituationen« (Mikos 1999, S. 22). Laut Groeben ergibt sich hiermit die Anforderung, eine Kompetenz-Spezifikation hinsichtlich der »kognitive[n]-, emotionale[n] und Handlungs- Dimensionen« (Groeben/Hurrelmann 2002, S. 16) vorzunehmen.

Anschlusskommunikation als zentrales Element der Medienkompetenzentwicklung

Norbert Groeben entwirft auf Grundlage dieser Erkenntnisse ein Konzept der Medienkompetenz (vgl. Groeben/Hurrelmann 2002, S. 160–200), das sich anders als Baackes Modell auf sieben integrative Dimensionen stützt, die eine »extensionale Offenheit« (Groeben) ermöglichen sollen:

1. Medienwissen/Medialitätsbewusstsein
2. Medienspezifische Rezeptionsmuster
3. Medienbezogene Genussfähigkeit
4. Medienbezogene Kritikfähigkeit
5. Selektion/Kombination von Mediennutzung
6. (Produktive) Partizipationsmuster
7. Anschlusskommunikation

Lothar Mikos macht es sich in seinem Aufsatz *Mediensozialisation als Irrweg* zur Aufgabe, diese Dimensionen kritisch zu hinterfragen und kommt zu dem Ergebnis, dass Groebens Erweiterung des Modells Baackes zwar empirisch sinnvoll erscheint, aber der »Zir-

kel von Medienkommunikation und Anschlusskommunikation [...]
nur auf Basis des Medienwissens und des Medialitätsbewusstseins
funktionieren kann« (Mikos 2010, S. 33). Hieraus leitet er ab, dass
Groebens Differenzierung der Medienkompetenz sich letztlich auf
das Medienwissen reduziere (vgl. ebd.).

Der Bereich des *Medienwissens* und des *Medialitätsbewusstseins*
stellt eine Voraussetzung für die »Nutzungs- und Verarbeitungs-
muster verschiedener Medien« dar (ebd., S. 31). Hier bildet sich
die grundlegende Fähigkeit zur Unterscheidung zwischen Realität
und Medialität, welche sich als »medialer Lernprozess« (ebd.) im
Laufe der Kindheit formt. Der Begriff des Medienwissens beinhaltet diverse Problematiken, da der abzusteckende Bereich unüber-
sichtlich ist. Er beinhaltet »alles praktische Wissen, das aus dem
Umgang mit Medien [...] hervorgeht« (ebd., S. 31). Folglich sind
hierbei rezeptive sowie auch produktive Techniken inhärent gedacht,
sodass das *Medienwissen* die Grenzen eines fach- oder bereichsspe-
zifischen Terminus verlässt (vgl. ebd.). Groeben konzipiert auf der
horizontalen Ebene vier Fälle des Medienwissens (vgl. Groeben/
Hurrelmann 2002, S. 167f.):

1. Das Wissen über wirtschaftliche, rechtliche und politische Rahmenbedingungen einzelner Medien
2. Das Wissen über spezifische Arbeits- und Operationsweisen von
   spezifischen Medien und Mediengattungen
3. Das Wissen zur inhaltlichen Bewertung der Intention von
   Medieninhalten
4. Das Wissen um Medienwirkungen

Laut Mikos (2010) ist Groebens Konzeption vor allem zu kritisieren,
da er ein umfassendes »kritisches Bewusstsein« über die »poten-
zielle Manipulationsgefahren« als eine zu hohe Anforderung erach-
tet (S. 31). Mikos bemerkt hier folgerichtig, dass die Frage, inwiefern sich dieses Problembewusstsein von der medienbezogenen
Kritikfähigkeit unterscheidet, aufkommt. Der Bereich der *medien-
spezifischen Rezeptionsmuster* umfasst vor allem die instrumentel-
len Fähigkeiten sowie die kognitiven Verarbeitungsschemata (vgl.
ebd.). Zusätzlich sind auch »komplexe kognitive Verarbeitungsschemata« (ebd.) gefordert, die medienübergreifende Zugänge ermög-

lichen (vgl. ebd.). Laut Mikos wird in jedem Fall das Medienwissen vorausgesetzt.

Die medienbezogene Genussfähigkeit behandelt die »emotionale Seite der Mediennutzung« (ebd.) und betrachtet das Unterhaltungsbedürfnis, welches jedoch »nicht näher bestimmt« (ebd.) ist.

Die Selektion/Kombination von Mediennutzung beschreibt die Fähigkeit, aus verschiedenen existenten Medienangeboten zu wählen und für die eigenen Ziele einsetzen zu können (vgl. Mikos 2010, S. 32).

»Eine gelingende Mediensozialisation wird daher gerade bei der polymorphen Medienstruktur unserer heutigen Gesellschaft darin bestehen, dass von den Individuen als gesellschaftlich handlungsfähigen Subjekten je individuelle Kombinationen von Mediennutzung – und das heißt individuelle Varianten von Medienverbünden [...] – aufgebaut werden« (Groeben/Hurrelmann 2002, S. 175 f.).

Die *produktiven Partizipationsmuster* setzten die adäquate Nutzung der Medien mit der aktiven Partizipation gleich (vgl. Mikos 2010, S. 32). Hierbei gilt es, sowohl eine eigene »Herstellung [von] Produkte[n] als auch Beteiligung und Zugang« (Mikos 2010, S. 32) zu erwerben.

Die *Anschlusskommunikation* ist die Voraussetzung »für die Entwicklung der übrigen Teildimensionen der Medienkompetenz« (ebd.). Somit ist die Anschlusskommunikation nicht nur ein Teilbereich der Medienkompetenz, sondern nimmt eine zentrale Rolle ein – sie besetzt eine »Funktion in Richtung auf Entwicklung des Individuums zum gesellschaftlich handlungsfähigen Subjekt« (Groeben/Hurrelmann 2002, S. 179). Da die persönliche Identität im Rahmen sozialer Kommunikation »als partielle Übereinstimmung mit bzw. Abweichungen von sozial [...] durch die Gesellschaft angebotenen bzw. vorgegebenen Identitätsmustern« konstruiert wird (ebd., S. 179), nimmt die Schule eine Schlüsselposition bei der Vermittlung von Medienkompetenz ein.

Selbstsozialisation als Massenphänomen im Zeitalter der Digitalisierung

Apps wie WhatsApp, Instagram, Snapchat und Facebook sind ein integraler Bestandteil des Schüleralltags. 92 % der Schüler zwischen 12 und 19 besitzen ein Smartphone. 45 % dieser Schüler besitzen eine Online-Flatrate. Instant Messenger, Foto-Apps und andere soziale Netzwerke sind die höchst-frequentierten Anwendungen. Das Smartphone führt mit 97 % (Mädchen) und 91 % (Jungen) die Medienbeschäftigungsliste in der Freizeit unangefochten an (vgl. mpfs, Studie JIM 2015). Hierbei muss bei vielen Schülern von hohen (z. T. auch passiven) Nutzungsdauern zwischen 5–7 Stunden pro Tag ausgegangen werden.

Aus der Praxis

Als Lehrer erzählen mir meine Schüler häufig Dinge über ihr Medien-Verhalten. Hierbei gibt es sowohl positive als auch negative Beispiele. Es gibt Berichte über produktive Partizipationsmuster, wie etwa das Nachbauen einer Oase aus dem Gesellschaftslehre-Unterricht in Minecraft, eigenständige oder von Eltern unterstützte Webrecherche, aber auch Beschwerden über die unreflektierte Nutzung der Schüler in Form des Versendens von ungewollten Fotos, Beleidigungen oder das Bedrängen sowie Stalking-Verhalten oder das anstrengende tägliche Abrufen von 600–800 Nachrichten in einem Klassenchat, die alle gelesen werden ›müssen‹. Gemeinsam ist beiden Arten der Beispiele, dass die Medien ein integrativer Bestandteil des Alltags der Jugendlichen geworden sind, die für sie ganz selbstverständlich eine direkte Auswirkung auf ihre soziale Realität haben.

Der Alltag vieler Kinder und Jugendlicher unterscheidet sich in seinen medienkonvergenten Angeboten deutlich von den vorausgehenden Jahrzehnten.

»Der Medienalltag in den Familien scheint zunehmend von reziproken Sozialisationsprozessen zwischen Kindern und Eltern, aber auch zwischen den Kindern und ihrer Peer Group [sic] bestimmt zu werden. [...] Wo keine Anzeichen für [...] Fehlentwicklungen vorliegen, wird den Kindern viel Spielraum für die Selbststeuerung gelassen. [...] Die Medien bieten dazu Orientierungshilfen an, und sie sind zugleich ein schillernder Teil der Lebenswelt, der aktiv angeeignet und bewältigt werden muss« (Süss 2010, S. 114).

Der Medienkompetenzerwerb wird oft auf die Selbstsozialisation der Schüler verlagert. Laut Lothar Mikos (2010) gibt es zwei Arten des Erwerbs:
1. durch die pädagogische Vermittlung von abstraktem Wissen über Medien und
2. durch die Rezeption und Nutzung von Medien selbst (S. 33).

»Wenn Medien neben Elternhaus, Schule und Peer Group [sic] als eine von vier Sozialisationsinstanzen gesehen werden, dann entwickelt sich Medienwissen und damit Medienkompetenz in der aktiven Auseinandersetzung der Kinder und Jugendlichen mit Medien in allen vier Instanzen« (ebd., S. 34).

Medienkompetenz muss stets im Spiegel aller Sozialisationsinstanzen betrachtet werden. Die Medien durchdringen die Lebenswirklichkeit, so wie die Lebenswirklichkeit die Medien durchdringt. Sie ist also ein »Spezialfall allgemeiner Kompetenzen« (ebd.), die man in bestimmten Situationen für die Bewältigung des Alltags benötigt (vgl. ebd.).

»Die Aufgabe der verschiedenen Wissenschaftsdisziplinen, die sich mit der Sozialisation von Kindern und Jugendlichen befassen, wäre es [,] ein handlungstheoretisches Modell von Medienwissen zu entwickeln, das wissenssoziologisch fundiert ist, in dessen Mittelpunkt die Strukturen und Bedingungen stehen, unter denen Kinder und Jugendliche zu gesellschaftlich handlungsfähigen Subjekten werden können und unter welchen situativen Bedingungen sie Medienwissen zur Lebensbewältigung einsetzen müssen.« (Mikos 2010, S. 34)

Als Antwort auf diese Frage gilt im Allgemeinen die »Selbstreflexion […] die als Voraussetzung der sozialen Handlungsfähigkeit der Menschen angesehen wird« (ebd.). Kinder und Jugendliche sollen also die Möglichkeit erhalten, die Medienkompetenz über die Reflexion von »Inhalt und Struktur« zu schulen (Groeben/Hurrelmann, 2002: S. 257). Mikos bemängelt diese Vorgehensweise, da man sich zu sehr an »der Lesekompetenz und […] nicht an einer audiovisuellen Kompetenz« (Mikos 2010, S. 34) orientiere. Er liegt zwar richtig in der Annahme, dass eine reine Konzentration auf Inhalt und Struktur die Medienkompetenz nicht adäquat schulen kann – jedoch ist die Lesekompetenz nicht trennbar von medialen Kompetenzen. An dieser Stelle müssen Grundlagentheorien der Psychologie zur Rolle von Medien in Lernprozessen verarbeitet und neu in den Diskurs mit aufgenommen werden. Basale Dekodierungsfähigkeiten, kognitive Grundfähigkeiten und Strategiewissen sind ebenso Voraussetzung für die audiovisuelle Kompetenz wie für die Lesekompetenz. Am ehesten zutreffend in seiner Beschreibung der Medienkompetenz und ihrer normativen Rückkoppelungen und Rechtfertigungen ist die Integration der Dimensionen Groebens durch Hurrelmann in ein Modell, das sowohl die Mediensozialisations- als auch die Medienkompetenzdimensionen mit einbezieht.

Die Vermittlung der Medienkompetenz muss in der Schule erfolgen. Die Grundbausteine der Medienkompetenz müssen vermittelt und im Rahmen einer analytischen und produktiven Verarbeitungsweise gelehrt (vgl. Köhnen 2011, S. 217–218) sowie in einer Anschlusskommunikation reflektiert werden. Im Rahmen dieser schulischen (Teil-)Sozialisation kann den Schülerinnen und Schülern somit ein wichtiges Hilfsmittel zur Orientierung gegeben werden, das es ermöglicht, eine medienbezogene Kritikfähigkeit (auch für den Alltag) aufzubauen, um in die Lage versetzt zu werden, selbstbestimmt und selbstbewusst mit den Medien umzugehen.

Von der Industriegesellschaft zur Wissensgesellschaft: Probleme der Lehrerprofessionalität

Joke Voogt (2012) geht in seinem Artikel *Are teachers ready to teach in the knowledge society?* (S. 17–29) der Frage nach, inwiefern die Transformationen von der Industrie- zur Wissensgesellschaft Lehrkräfte überfordert. Schüler sollen lernen, echte Probleme mit digitalen Tools und Ressourcen zu lösen, indem sie ihre Lernerfah-

rungen anwenden und durch digitale Tools erweitern. Hierbei werden das Lernen und die Kreativität gefördert (vgl. Voogt 2012, S. 21).

KONKRET

Lehrer müssen im Sinne der Entwicklung ihrer Lehrerprofessionalität eine (1) metakognitive, (2) sozio-metakognitive und eine (3) sozio-emotive (Reflexions-)Ebene entwickeln. Die metakognitive Ebene meint hierbei ein selbstregulatives Monitoring, die soziometakognitive Ebene meint die Ebene des Austausches mit anderen Lehrern auf professioneller Ebene, die sozio-emotive Ebene meint hierbei die Fähigkeit, die eigenen Denkmuster in Frage zu stellen und die Fähigkeit, ihre Reversibilität zu akzeptieren (ebd., S. 22–23).

Voogts Studienergebnisse bezeugen insgesamt eine Problemlage auf Seiten der Lehrerprofessionalität. Der mediale Habitus der Lehrerinnen und Lehrer ist entscheidend für die Vermittlung neuer Lerntechniken. Kommer und Biermann (2012) haben dieser Problemlage einen Artikel in Bezug auf den medialen Habitus von (angehenden) Lehrkräften gewidmet, indem sie einen Problemaufriss der Neueren Medien in der Schule aufbereiten, den medialen Habitus von Lehramtsstudierenden der PH Freiburg in Form empirischer Studien auswerten und schließlich die möglichen Folgen für das Lehrerhandeln skizzieren.

»[…] der Alltagsempirie verhaftet war die Beobachtung, dass Lehramtsstudierende der PH Freiburg in medienpädagogischen Seminaren gegenüber den digitalen Medien, aber auch gegenüber ›dem Fernsehen‹ etc. eine tendenziell kritisch oder gar ablehnende Haltung zeigten. Didaktische Konzepte aus dem Spannungsfeld von Medienbildung und Mediendidaktik wurden von diesen Studierenden nur selten in ihre Überlegungen miteinbezogen.« (Kommer/Biermann 2012, S. 83)

Die digitalen Medien sind »bei weitem nicht in dem Umfang und der Form in der Schule angekommen« (ebd., S. 84), wie sie von Initiativen wie Schulen ans Netz etc. angedacht waren[12]. Auch Senkbeil

---

12 Weitere Informationen zur Nutzung von Computern in der Schule finden Sie in der KIM-Studie 2016. Verfügbar unter https://www.mpfs.de/studien/kim-studie/2016/, Zugriff am 05.07.2017.

und Wittwer diagnostizieren 2007: »Wie bereits in PISA 2000 und PISA 2003 ist Deutschland dasjenige OECD-Land mit dem geringsten Anteil an Schülerinnen und Schülern, die den Computer regelmäßig pro Woche in der Schule als Lernwerkzeug im Unterricht einsetzen« (S. 279). Hieraus resultieren schließlich erschreckende – wenn auch vorhersehbare – Ergebnisse:

»Bereits aus den Daten der quantitativen Teilstudie konnte gefolgert werden, dass sich die digitale Kluft zwischen bildungsnahen und bildungsfernen Familien durch den schulischen Einfluss verstärkt« (Heinrichwark 2009, S. 235).

In diesem immensen Spannungsfeld zwischen öffentlicher und semiprofessioneller Ablehnung der neuen Medien ergeben sich Konsequenzen. Im Gegensatz zum didaktischen Diskurs tritt der Flexibilisierungsdiskurs nicht auf der Stelle.

Wenn wir über die Didaktik und ihre Funktion als Mittler »eines universellen Systems geordneten Wissens an alle Menschen bzw. eine Bevölkerung nach lernökonomischen, rationalen Kriterien zu Bildungszwecken« (Höhne 2011, S. 140) reden, so sprechen wir mit Foucault gesagt über ein Dispositiv – ein Feld der »Rationalität der Vermittlung« mit einer »strategischen Funktion« (Foucault 1978, S. 119 f.).

Im Zuge der Transformation der industriellen Gesellschaft in eine Wissensgesellschaft erwachsen durch die ökonomischen-technischen Entwicklungen immer höhere Anforderungen an die Lernenden. Während sich also die, in vormodernen Gesellschaften noch als »nahezu identisch« (Höhne 2011, S. 143) verstandenen, Bereiche der Vermittlung und Aneignung reflexiv aufeinander bezogen, werden selbige heute »analytisch voneinander getrennt« (ebd.).

Der gegenwärtige Wandel seit den 1960er-Jahren ist geprägt von einer Heterogenisierung des Wissens, der Kompetezenorientierung bei der Wissensvermittlung sowie einer zeitlich-räumlichen Entgrenzung des Lernens (vgl. Höhne 2011, S. 144).

Wandelprozesse, wie wir sie unlängst beobachten, haben eine große Auswirkung auf den Lernenden. Schließlich ist der Erfolg beim Lernen zu einem alles-bestimmenden Selektionskriterium geworden. Immer mehr wird die individuelle Aneignung von Wissen auf die Verantwortung des jeweiligen Subjekts verschoben (vgl. ebd., S. 146).

Dies führt zu einer »Formalisierung von Aneignungsprozessen bei gleichzeitiger Funktionalisierung von Vermittlungswissen« (ebd. 2011, S. 146). Höhne rekurriert auf den Flexibilisierungsdiskurs, der bisweilen bis in den schulischen Bereich wirkt: »Hierbei wird die ›Flexibilisierung‹ von Vermittlungs- und Aneignungsformen vor allem mit Rekurs auf den Kompetenzbegriff legitimiert« (Höhne 2011, S. 147). Die Kompetenzorientierung führt also auf »der einen Seite zu einer (ökonomischen) Funktionalisierung von Vermittlungswissen« – ist aber »auf der Diskursebene« ebenso verantwortlich für eine »(neo-)liberale Individualisierungsprogrammatik, durch welche die Aneignungsseite von der Vermittlungsseite entkoppelt wird« (ebd.). Hier arbeiten die Heterogenisierung von Wissen und Norm gegeneinander, sodass eine »Neudefinition von Allgemeinwissen (Vermittlungsseite)« (ebd.) durch den Kompetenzbegriff abgedeckt wird. Es sollen Basiskompetenzen erreicht werden »die in modernen Gesellschaften für eine befriedigende Lebensführung in persönlicher und wirtschaftlicher Hinsicht sowie für eine aktive Teilnahme am gesellschaftlichen Leben notwendig sind« (Baumert et al. 2001, S. 29). Höhne verurteilt folgerichtig diesen Ansatz als einen »funktionalistischen«, der eine »befriedigende Lebensführung explizit an die Ökonomie anknüpft [und] andere Bereiche wie etwa ›Kultur‹ (…) « ausspart (Höhne 2011, S. 147–148). Worauf komplett verzichtet wird, ist das »wertfreie« Lernen, die Aneignung von Wissen aus Freude und aus ästhetischen Gründen.

Somit besteht dringender Handlungsbedarf im Rahmen der Ausbildung von Lehramtsstudierenden. Auch Kommer und Biermann (2012) gehen bei ihrer These davon aus »dass es sich um einen systematischen Effekt handelt, der in den Dispositionen der Lehrpersonen (bzw. der Lehramtsstudent/innen) gegenüber den neuen Medien begründet liegt« (S. 86). Hier liegt im Volksmund gesprochen »der Hund begraben«. Wenn die vermittelnde Instanz die Reflexionsfähigkeit aufgrund eigener habitueller Dispositionen nicht vermitteln kann und will, so läuft auch die didaktische Entwicklung ins Leere und scheitert an der praktischen Umsetzung. Kommer und Biermann untersuchten daher den medialen Habitus der Lehramtsstudent/innen, um in Form einer qualitativen und quantitativen Studie zu ergründen, ob die Studenten reflexiv mit Medien umgehen können.

In den Ergebnissen ihrer qualitativen Studie ergaben sich »drei plus eine Habitusform« (Kommer/Biermann 2012, S. 91).

Die folgende tabellarische Darstellung verdeutlicht die von Kommer und Biermann dargestellten Habitusformen.

Tabelle 2: Habitusformen von Lehramtsstudierenden nach Kommer/Biermann 2012, S. 91–95

1 Ambivalente Bürgerliche mit der Unterform der überforderten Bürgerlichen	Bürgerlich-kritischer Habitus, Rezeption ›wertvoller‹ (Qualitäts-)Medien und Inhalte; hochkulturell-orientiert	Oft hohes kulturelles Kapital, deutlich distanzierte Medienerziehung durch die Eltern; Technikdistanz	Distinktion gegenüber ›kulturell unterlegenen‹
2 Die hedonistischen Pragmatiker	Weniger bildungsbürgerlich ausgerichtetes kulturelles Kapital; Lehramtsstudium als Bildungsaufstieg	Konsum von ›Trash‹ nicht negativ belastet; Konsum von Büchern spielt oftmals keine besondere Rolle	Fraglose Integration der Medien in den Alltag; keine kritische Reflexion dieser Habitusform
3 Die kompetenten Medienaffinen	Selbsttätig erworbene, umfangreiche Medienkompetenz; breit gefächertes Spektrum von Inhalten	Nutzung der Medien ohne Brüche; aktiver und produzierender Umgang mit Medienensemble	Normalität der Medien; keine Distinktion durch Medien

Vor allem die Habitusform der *ambivalenten Bürgerlichen* überwiegt deutlich; »letztendlich steht sie für 13 (11 Studentinnen, zwei Studenten) der befragten Studierenden«. Damit repräsentiert sie »fast die Hälfte der Stichprobe« (ebd., S. 95). In ihrer daraufhin angelegten quantitativen Studie[13] mit einer wesentlich größeren Stich-

---

13 Überprüft wurden die elterliche Medienerziehung auf einer Skala von starker Förderung bis starker Ablehnung/Verbot, Medieneinsatz in der eigenen Schulzeit auf einer Skala von Mehrmals die Woche bis gar nicht.

probe (n=1201) stellt sich ebenfalls heraus, dass die Studierenden das Gefühl haben, »medienpädagogische Kenntnisse nur unzureichend zu erwerben […] obwohl 60 Prozent der Befragten medienpädagogischen Themen und Inhalten eine hohe oder sehr hohe Relevanz zuschreiben« (ebd., S. 100). Insgesamt konstatieren Kommer und Biermann: »90,9 Prozent der Studierenden [erachten den] Einfluss der Mediennutzung als wichtiges Thema […] nur 41,2 Prozent haben nach eigenen Angaben bisher Kenntnisse und Fähigkeiten in diesem Bereich erworben (ebd.).

Auch bei der Frage, inwiefern die Grundlagen der Computernutzung in der Schule erfolgreich vermittelt wurden, ist das Ergebnis ernüchternd: Über 50 Prozent der befragten Studierenden geben an, dass dies selten bis gar nicht der Fall war, gerade einmal 16 Prozent attestieren den schulischen Vermittlungsbemühungen einen Erfolg (Kommer/Biermann 2012, S. 99). Diese Erfahrungen aus der Schulzeit wurden zudem noch als »wenig erfolgreich und nicht hilfreich« (ebd.) erlebt, sodass sich die »schulbiografische Erfahrung als kontraproduktiv für die Entwicklung adäquater Handlungsmodelle im Rahmen einer zukünftigen Professionalisierung erweisen« (ebd.).

Leider muss man davon ausgehen, dass aufgrund der überwiegenden Form des *bürgerlichen Habitus* eine Generation von Lehrern und Lehrerinnen heranwächst, die »nicht dazu beitragen werden, gesellschaftliche Ungleichheit beim Umgang mit den Medien zu verringern« (ebd., S. 100). Sie werden vielmehr dazu beitragen, einen *second digital divide* herbeizuführen. Im Sinne Baackes kann im Rahmen eines *bürgerlich-medialen Habitus* keine Form der Medienkritik aufgebaut werden (vgl. ebd., S. 102).

»Schule kann nur dann den Anforderungen einer ›mediatisierten Gesellschaft‹ gerecht werden, wenn die Lehrkräfte über hinreichend Medienkompetenzen und medienpädagogische Kompetenzen verfügen, um Bildungsprozesse mit SchülerInnen aus unterschiedlichen soziokulturellen Kontexten fördern zu können« (Kommer/Biermann 2012, S. 103)

 Erst dann, wenn ein reflexives Denken auch bei den Lehrerinnen und Lehrern auftritt und somit die »eigenen Geschmacksurteile und Wertzuschreibungen reflexiv geworden sind, können sie kritisch hinterfragt werden« (ebd.). Wir sehen es als eine wichtige Aufgabe an, Lehrerinnen und Lehrer in ihrem Medienkompetenzerwerb zu unterstützen, somit dem *second digital divide* entgegenzuwirken. Diesem wird jetzt auch durch die Kultusministerkonferenz Rechnung getragen. Erst jüngst wurde ein Papier[14] zur anstehenden Veränderung der Ausbildungsordnungen von Lehramtsanwärtern in Bezug auf die Integration von digitalen Medien herausgegeben. Ebenso wurden durch die Ministerien digitale Medien in den Kernlehrplänen verankert. Die Frage der Beliebigkeit des Unterrichtens mit digitalen Medien und über digitale Medien stellt sich also nicht mehr.

---

14 Verfügbar unter https://www.kmk.org/fileadmin/Dateien/pdf/PresseUndAktuelles/2016/Bildung_digitale_Welt_Webversion.pdf, Zugriff am: 04.07.2017.

7 Praxiszugänge/Methoden/Tools: Beispiele aus dem Unterricht

KONKRET

Der Einsatz digitaler Medien im Unterricht ist unabdingbar, um Kindern und Jugendlichen die aktive Partizipation und kritische Hinterfragung moderner Gesellschaftsformen zu ermöglichen. Dies bedarf, wie bereits im vorherigen Kapitel besprochen, einer fundierten didaktischen Auseinandersetzung mit dem jeweiligen Unterrichtsgegenstand und den dazu verwendeten digitalen und analogen Medien. Es ist immer zwingend notwendig, zu eruieren, warum und wann an welcher Stelle im Unterricht ihr Einsatz gewinnbringend, motivierend und den jeweiligen Vorkenntnissen der Lerngruppe entsprechend ist und so zum erwünschten Ziel führt.

Das Ziel für Lehrerinnen und Lehrer muss sein, einen Unterricht zu gestalten, der sowohl analoge als auch digitale Kompetenzen, die Kinder- und Jugendliche in der Wissensgesellschaft zur Teilhabe befähigen sollen, zu forcieren und die Selektion, Rezeption, Produktion und kritische Reflexion dieser Medien zu einem selbstverständlichen Teil des Unterrichts zu machen.

Die folgenden Unterkapitel sollen einige Zugänge für die Praxis darbieten, in denen analoge und digitale Arbeitsweisen miteinander verknüpft werden. Hierbei soll der Fokus jedoch nicht nur auf der funktionalen Verwendung liegen, sondern auch den Blick für eine ästhetische Wahrnehmung öffnen, die im Funktionalisierungsdiskurs der Kompetenzorientierung untergeht und oft langfristige motivationale Elemente untergräbt.

Die von uns im Folgenden vorgestellten Tools sind lediglich exemplarisch ausgewählt. Es gibt viele weitere Alternativen.

Digitale (interaktive) Lernplakate

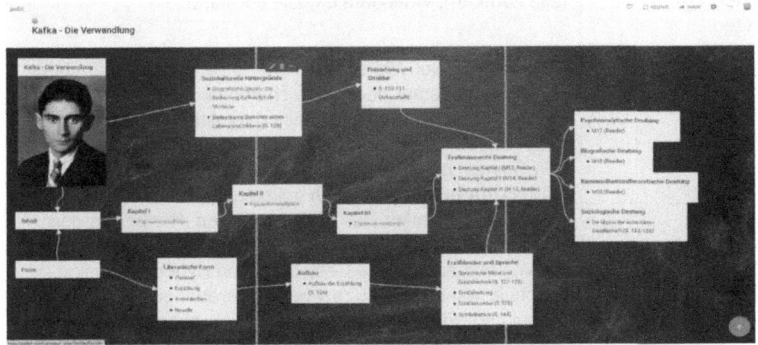

Abbildung 44: Padlet: digitale Darstellung der Reihe zu Kafkas Verwandlung für Schüler der Q1. Die einzelnen Knotenpunkte verfügen über Links, die wiederum ein Plakat mit verschiedenen Medien, Kommentarfunktionen und Schülerbeiträgen zu dem jeweiligen Einzelthema enthalten.

Padlet (geeignet für Einsteiger und Fortgeschrittene)	
Kurzbeschreibung	*Padlet* ist ein digitales Plakat. Es ermöglicht die Darstellung von Medien auf die denkbar einfachste Weise, indem es per Drag-and-drop (ziehen und fallen lassen) steuerbar ist. Kopierte Links oder eingefügte Dokumente werden automatisch verarbeitet und als ein verschiebbares Element auf dem digitalen Plakat angezeigt. Die Einzelelemente lassen sich per einfachem Befehl wie bei einem Mindmapping-Tool miteinander verbinden, sodass auch Beziehungen zwischen den Elementen sichtbar werden. So kann in Minutenschnelle ein digitales Plakat erstellt werden. Es gibt die Möglichkeit, die Pads als Stream (Blog-Modus) oder als Kacheln darzustellen (sortiert automatisch nach Zeitpunkt der Eingabe) sowie eine *Freeform* zu wählen (alles ist frei verschiebbar). Ein Pad lässt sich ohne erforderliche Anmeldung der Schüler oder Kollegen per Link oder QR-Code teilen. Es ist möglich, ein Passwort einzustellen, Schüler per E-Mail einzuladen und private Pads zu erstellen. Kommentarfunktionen und Hinweise zur Autorschaft lassen sich per Knopfdruck an oder ausstellen. Mit der kostenlosen App lassen sich direkt vom Handy Fotos, Sounddateien oder Videos in das Pad hochladen.

Padlet (geeignet für Einsteiger und Fortgeschrittene)	
Einsatzmöglich-keit digitaler Medien	Texte (alle Formate), PDF, Audiodateien (alle Formate), Bilder (alle Formate), Videodateien (alle Formate)
Didaktische Möglichkeiten	Die Pads sind auf Whiteboards interaktiv nutzbar oder aber per PC und Beamer bedienbar. Themen können somit auf unterschiedlichste Art und Weise dargestellt, aufbereitet, gespeichert, geteilt und präsentiert werden. Die Schüler können Themen mit analogen Materialien (Schulbuch, Arbeitsblätter) erarbeiten oder auch online recherchieren und sinnvoll mit digitalen Elementen ergänzen. Hierbei werden produktive Operationen wie das Schreiben, das Produzieren von Postern und die Gestaltung von Hypertext (Links) geschult, während auch rezeptive Operationen wie Lesen, Sehen und Hören geübt werden. Schüler nutzen automatisch Mittel der Narration, um Sachverhalte aufzubereiten. Hierbei werden die Grundfragen des Unterrichts im Medienverbund auf besondere Art und Weise gelöst, da vor allem individuelle Eingangsvoraussetzungen und domänenspezifisches Vorwissen durch die Auswahl der Online-Materialien und Videos durch die Schüler gesteuert werden.
Kosten	kostenlos, Premium-Version verfügbar
Link	http://www.padlet.com

Zeitleisten (Timelines)

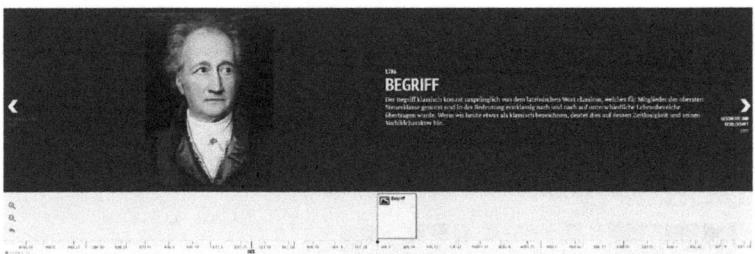

Abbildung 45: Beispielgrafik TimelinesJS

TimelineJS (Zeitleisten) (geeignet für Fortgeschrittene)	
Kurzbeschreibung	*TimelinesJS* ermöglichen es, Inhalte chronologisch anzuordnen und mit verschiedenen Medien zu versehen.
Einsatzmöglichkeit digitaler Medien	Texte (alle Formate), PDF, Audiodateien (alle Formate), Bilder (alle Formate), Videodateien (alle Formate)
Didaktische Möglichkeiten	Zeitleisten *(Timelines)* können auf verschiedene Art und Weise eingesetzt werden. So können etwa wichtige Daten einer literarischen Epoche oder aber wichtige historische Elemente selektiv dargestellt, erläutert und mit intermedialen Elementen, wie Audio, Video, Text, Podcasts und Bildern, versehen werden. Querbezüge, ein Gefühl für Zeit, die positive Wirkung von Bild-Text-Relation sowie die Möglichkeit, sich zeitlich vor und zurückzubewegen und dabei Fakten durch Videos und Bilder lebendig werden zu lassen, sind Erfahrungen und Möglichkeiten, die das Schulbuch oder das Arbeitsblatt nicht in dieser Form bietet. *TimelinesJS* lassen sich z. B. in Kombination mit einem Google-Account erstellen, indem eine bereitgestellte Template-Datei auf den eigenen Google-Account kopiert wird und anschließend, den eigenen Wünschen nach, verändert wird. Daraufhin kann der Link zur Datei in eine Timeline umgewandelt werden.
Kosten	kostenlos
Link	https://timeline.knightlab.com/

E-Portfolios

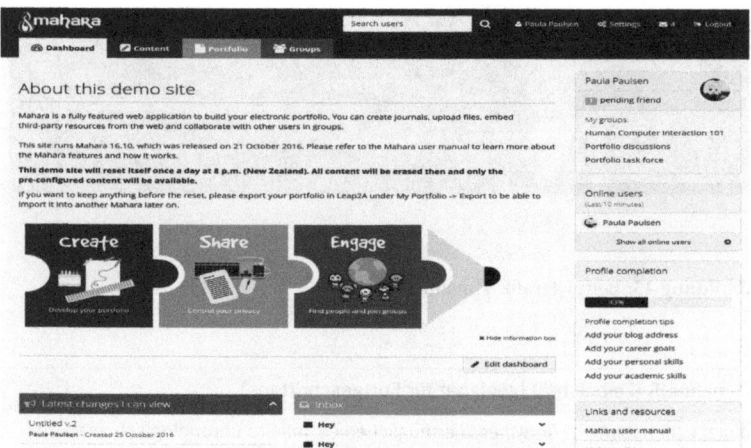

Abbildung 46: Mahara.org – Beispiel der Mahara Demo Student Startseite

Mahara (E-Portfolio) (geeignet für Profis)	
Kurzbeschreibung	*Mahara* ist eine Open-Source-Software, die nach der Installation auf dem schuleigenen Server zahlreiche Möglichkeiten für Schüler und Lehrer bietet. Es lassen sich Portfolios erstellen, Kompetenzraster anfertigen, individuelle Kompetenzstandards ausarbeiten, Lernprogressionen festhalten, Aufgabenbearbeitungen nachverfolgen und belohnen. Die E-Portfolios können in einem 4-Stufenprozess erarbeitet werden. Die Besitzer können privates oder öffentliches Feedback zulassen, Benutzer können eigene Seiten anlegen und automatische Benachrichtigungen auf abonnierten Seiten (z. B. von Lehrern oder anderen Schülerinnen) bekommen. Eine Seite kann den Lehrkräften zugesendet werden, sodass zu einem bestimmten Datum ein *snapshot* an die bewertende Person abgegeben wird. Es ist möglich, Dateisysteme zu erstellen, mehrere Dateien gleichzeitig hochzuladen, Dateien umzubenennen, einen Blog zu erstellen, Bilder, Videos oder Sounddateien zu integrieren. Es können Gruppen organisiert werden, es kann geteilt und kreiert werden. Mahara bietet ein umfangreiches Angebot, das vor allem für fortgeschrittene Lehrkräfte und Schüler sinnvoll ist.

Mahara (E-Portfolio) (geeignet für Profis)	
Einsatzmöglich-keit digitaler Medien	Texte (alle Formate), PDF, Audiodateien (alle Formate), Bilder (alle Formate), Videodateien (alle Formate)
Didaktische Möglichkeiten	*Mahara* ermöglicht es, Themen auf unterschiedlichste Art und Weise darzustellen, aufzubereiten, zu speichern und zu bewerten. Hierbei werden produktive Operationen wie das Schreiben, das Produzieren von Postern und die Gestaltung von Hypertext (Links), Blogging etc. geschult, während auch rezeptive Operationen wie Lesen, Sehen und Hören geschult werden. Schüler nutzen automatisch Mittel der Narration, um Sachverhalte aufzubereiten. Hierbei werden die Grundfragen des Unterrichts im Medienverbund auf besondere Art und Weise gelöst, da vor allem individuelle Eingangsvoraussetzungen und domänenspezifisches Vorwissen durch die Auswahl der Online-Materialien berücksichtigt und in einem »Schonraum« zur Verfügung gestellt werden können.
Kosten	kostenlos
Link	https://mahara.org/

Arbeiten mit Blogs

Blogs (geeignet für Fortgeschrittene)	
Kurzbeschreibung/ Didaktische Möglichkeiten	*Mahara* und *Wordpress* bieten sich für die Erstellung von Blogs an. Blogs können vielfältig zum Einsatz kommen – als Lesetagebuch mit Interaktionsmöglichkeit, als Darstellung verschiedener Positionen zu einem Thema, die intermedial und interaktiv diskutiert werden können. Es bieten sich Möglichkeiten der Immersion, des Rollenspiels, des Perspektivwechsels, des Argumentierens, der Sprachförderung, der interkulturellen Kommunikation sowie der Interaktion.
Einsatzmöglichkeit digitaler Medien	Texte (alle Formate), PDF, Audiodateien (alle Formate), Bilder (alle Formate), Videodateien (alle Formate)
Kosten	kostenlos
Link	http://www.wordpress.org http://www.mahara.org

Kooperative Dokumente

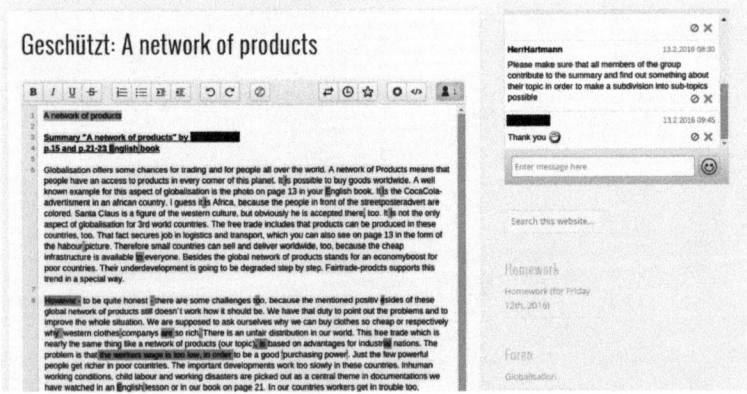

Abbildung 47: Edupad (Open Source)

Kooperative Dokumente (geeignet für Einsteiger)	
Kurzbeschreibung	*Firepad, Edupad* oder *Etherpad* ermöglichen die synchrone Bearbeitung eines Textdokumentes durch mehrere Personen.
Einsatzmöglichkeit digitaler Medien	Texte (alle Formate), PDF, Audiodateien (alle Formate), Bilder (alle Formate), Videodateien (alle Formate)
Didaktische Möglichkeiten	Durch die synchronen Bearbeitungsmöglichkeiten können beispielsweise Analysen, Notizen von Gruppen o. ä. gemeinsam erstellt, bearbeitet und korrigiert werden. Die Namen der Verfasser der jeweiligen Zeilen werden angegeben und können überprüft werden. Dies ermöglicht es, Gruppenprozesse zu beschleunigen, festzuhalten, überall abrufbar zu machen (z. B. nach einer Gruppenarbeit zu Hause). Die kooperative Arbeit an Texten schult die Schüler in Form redaktioneller Arbeitsweisen, hat einen wissenschaftspropädeutischen Anteil und ist zugleich immer Arbeit an einem »Produkt«. Der besondere Charme liegt hierbei vor allem darin, dass im Vergleich zu anderen Tools nur minimalistisch gearbeitet werden kann. Das ist didaktische Reduktion: Bevor wir uns an die Analyse und die Produktion medienkonvergenter Schnittstellen wagen, sollten Schüler und Lehrer mit den Kleinstformen der digitalen Kooperation vertraut sein. Dies kann hier geschehen.
Kosten	kostenlos
Links	https://firepad.io/ https://edupad.ch/ http://pad.rpi-virtuell.net/

Audiobearbeitung

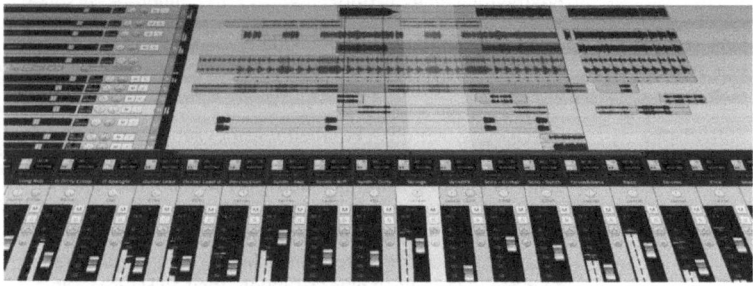

Abbildung 48: Reaper – Audioschnitt und Audiobearbeitung

Audiobearbeitung (geeignet für Fortgeschrittene)	
Kurzbeschreibung / Didaktische Möglichkeiten	Für die Audiobearbeitung bieten sich vor allem Tools wie *Audacity* oder *Reaper* an. Beide bieten die Möglichkeit des einfachen Audioschnittes. Reaper ist eine hoch-professionelle Software und weitaus komplexer als Audacity, bietet jedoch entsprechend mehr Möglichkeiten des Schnittes und der Effektergänzung. Mit beiden Tools lassen sich szenisch gelesene Texte aufnehmen, schneiden oder ganze Hörbuch-/Hörspielproduktionen erstellen und anschließend verfügbar machen.
Einsatzmöglichkeit digitaler Medien	Audiodateien (alle Formate)
Kosten	Quizlet (kostenlos), Reaper (kostenpflichtig)
Links	http://www.reaper.fm/ http://www.audacityteam.org/

Kooperative (Multiuser-)Mindmaps

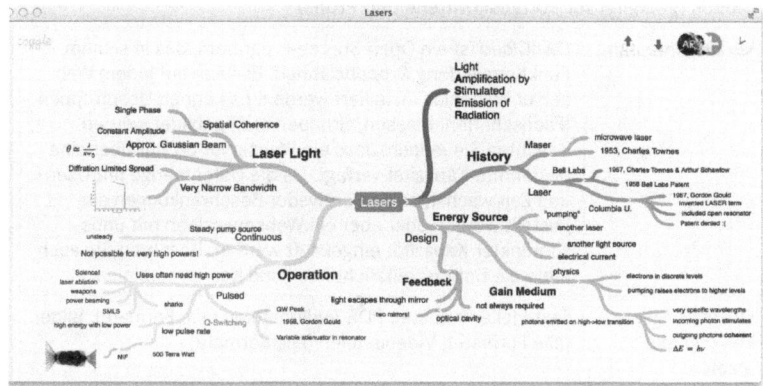

Abbildung 49: Coggle – Collaborative Mindmaps

Mindmaps (geeignet für Einsteiger)	
Kurzbeschreibung	Tools wie *Mindmeister* oder Coggle ermöglichen es, kooperative Mindmaps zu erstellen.
Einsatzmöglichkeit digitaler Medien	Audiodateien (alle Formate)
Didaktische Möglichkeiten	D. h. hier wird zeitgleich von verschiedenen PCs / Tablets / Smartphones aus an einer Mindmap gearbeitet. Die Benutzer sehen dies auf ihren Bildschirmen, können simultan reagieren, ergänzen und bearbeiten.
Kosten	Basisversion kostenlos, Premium-Inhalte kostenpflichtig
Links	https://www.mindmeister.com/de https://coggle.it/

Online-Dokumentverwaltung

Clouds (geeignet für Fortgeschrittene und Profis)	
Kurzbeschreibung	*OwnCloud* ist ein Open-Source-Programm, das in seinem Funktionsumfang *Dropbox* ähnelt. Es kann auf jedem Webserver kostenlos installiert werden. Es können Usergruppen (Fachschaften, Klassen, Gruppen etc.) gebildet werden. Beachten Sie jedoch, dass ein Webserver oft nur über eine bestimmte Kapazität verfügt. Da die Datenmenge mit Usern und Zeit wächst, sollten entweder Beschränkungen eingestellt werden oder aber ein Webserver-Plan mit unbeschränkter Kapazität eingekauft werden. Beachten Sie auch stets die Datenschutzrichtlinien und Kopierrichtlinien.
Einsatzmöglichkeit digitaler Medien	Texte (alle Formate), PDF, Audiodateien (alle Formate), Bilder (alle Formate), Videodateien (alle Formate)
Didaktische Möglichkeiten	–
Kosten	evtl. kostenpflichtig
Links	https://www.mindmeister.com/de https://coggle.it/

Online-Präsentation

Online-Präsentation am Beispiel von *Emaze* (geeignet für Fortgeschrittene)	
Kurzbeschreibung	Online-Präsentationen ermöglichen es, mit »smarten« Layouts beeindruckende Präsentationen in kurzen Zeiträumen zu erstellen. Hierbei kann neben dem selbst erstellten auch oft bereitgestelltes Material genutzt werden (Bilder, Icons, Videos etc.).
Einsatzmöglichkeit digitaler Medien	Texte (alle Formate), PDF, Audiodateien (alle Formate), Bilder (alle Formate), Videodateien (alle Formate)
Didaktische Möglichkeiten	*Emaze* ermöglicht es Lehrern zusätzlich, die Involvierung und den Fortschritt von Schülerinnen nachzuvollziehen. Es verfügt über eine Teamplattform und analytische Instrumente. Hierdurch kann kollaboratives Lernen einfach gestaltet und Einzelleistungen nachvollzogen werden.
Kosten	kostenpflichtig
Links	https://www.emaze.com/de/

Quiz & Gamification

Abbildung 50: Quizlet: Vokabelabfrage als Spiel mit Leaderboard

Quiz & Gamification (geeignet für Einsteiger und Fortgeschritenne)	
Kurzbe-schreibung / Didaktische Möglichkeiten	*Quizlet* ist ein Lern-Tool, das es Lehrerkräften und Schülern ermöglicht, mit Hilfe von digitaler Abfrage, Spielen, Gruppenaufgaben *(Quizlet Live)* oder klassischen Abfragen den Schülern das Lernen von z. B. deklarativem Wissen (Vokabeln, Wortschatz, Fachvokabular etc.) schmackhafter zu machen. Gerade *Quizlet Live* bietet durch seine Gruppenorientiertheit die Möglichkeit, im Klassenraum regelrechte *Gruppen-Tournaments* zu bestimmten Fragen zu veranstalten. Hierbei können deutlich motivationale Aspekte des Lernens hervorgehoben werden. Es bietet neben den motivationalen Aspekten auch ein Diagnosetool für die Lehrkräfte. Auch *Kahoot!* bietet ähnliche Funktionen wie Quizlet. Es können Fragen, Diskussionen und Umfragen blitzschnell per Zugangscode aufgerufen werden. Hierbei steht vor allem der motivationale Faktor im Vordergrund. *Socrative* bietet ebenso Quiz-Tools, bei denen die Fragen in Echtzeit ausgewertet werden. Alle diese Tools greifen auf eine Datenbank von freiwillig geteilten Inhalten zu. Bei allen Tools überschreiten die verfügbaren Inhalte die Millionengrenze, sodass Sie als Lehrer bereits auf sehr viele Quizze zurückgreifen können.

Quiz & Gamification (geeignet für Einsteiger und Fortgeschritenne)	
Einsatzmöglich-keit digitaler Medien	Texte (alle Formate), PDF, Audiodateien (alle Formate), Bilder (alle Formate), Videodateien (alle Formate)
Kosten	kostenfrei, Premiumversion bei Quizlet verfügbar.
Links	https://quizlet.com/ https://kahoot.it/#/ https://www.socrative.com/

Digitale Lernumgebungen

Digitale Lernumgebungen (geeignet für Fortgeschrittene und Profis)	
Kurzbeschrei-bung/ Didaktische Möglichkeiten	Im Laufe der letzten zehn Jahre wurden zahlreiche digitale Lernumgebungen entwickelt. Der Markt ist inzwischen stark umkämpft, und dennoch sind bei vielen Anbietern hochprei-sige Angebote von 10.000 €–12.000 € Nutzungsgebühr für eine Schule (> 1000 Schüler) pro Jahr der Standard. Digitale Lernumgebungen haben heutzutage viele integrierte Fea-tures, wie das einfache Importieren von Materialien, Erstellen von Ordnerstrukturen oder Dateiablagen, Bibliotheken für Lernmaterialien, Importieren von Schülerdaten, App-Biblio-theken (oft Einbindung von YouTube, Flickr, Mindmapping-Tools etc.), Kooperativen Arbeitsmöglichkeiten etc. Des Weiteren gibt es jedoch auch die Möglichkeit, auf ebenso gute kostenlose Systeme wie etwa *RPI-Virtuell, Edmodo* oder *Schoology* (um nur einige wenige zu nennen) zurückzugrei-fen. Denken Sie hierbei auch immer daran, welche Daten Sie online verfügbar machen wollen und informieren Sie sich vorher, welche Art von Zugriff seitens der Seitenbetreiber möglich ist. Der Datenschutz muss gerade bei digitalen Lern-umgebungen gewährleistet sein, da eine personengebundene Anmeldung in der Regel notwendig ist.
Einsatzmöglich-keit digitaler Medien	Texte (alle Formate), PDF, Audiodateien (alle Formate), Bilder (alle Formate), Videodateien (alle Formate)
Kosten	kostenlos
Links	http://www.rpi-virtuell.de/ (kostenlos) https://www.edmodo.com/ (kostenlos) https://www.schoology.com/ (kostenlos, Premiumversion verfügbar)

Augmented Reality Learning

Augmented Reality Learning (geeignet für Einsteiger und Fortgeschritenne)	
Kurzbe-schreibung / Didaktische Möglichkeiten	Das *Augmented Reality Learning* steckt im Prinzip noch in den Kinderschuhen. Spiele wie *PokémonGO* haben jedoch vorgemacht, wie es geht: Die reale Welt wird mit digitalen Artefakten versehen. Bezogen auf den Unterricht bedeutet dies, dass das klassische Arbeitsblatt mit einem Code oder Zeichen versehen werden kann, welche dann ein 3D-Modell, eine Hilfekarte, ein Beispielvideo oder eine Sounddatei direkt ohne Umwege erscheinen oder abspielen lassen.
Einsatzmöglich-keit digitaler Medien	Texte (alle Formate), PDF, Audiodateien (alle Formate), Bilder (alle Formate), Videodateien (alle Formate)
Kosten	kostenlos

Literatur

Albers, Carsten/Johannes Magenheim/Dorothee M. Meister (Hg.): Schule in der digitalen Welt – Medienpädagogische Ansätze und Schulforschungsperspektiven. Wiesbaden 2011.

Baacke, Dieter: Medienpädagogik. Tübingen 1997.

Barsch, Joachim: Mediendidaktik Deutsch.. Paderborn 2006.

Baumert, Jürgen/Eckhard Klieme/Michael Neubrand/Manfred Prenzel/Ulrich Schiefele/Wolfgang Schneider/Petra Stanat/Klaus-Jürgen Tillmann/Manfred Weiß (Hg.): Pisa 2000 – Basiskompetenzen von Schülern und Schülerinnen im internationalen Vergleich. Opladen 2001.

Benjamin, Walter: Das Kunstwerk im Zeitalter seiner technischen Reproduzierbarkeit. In: Gesammelte Schriften, Bd. I.2. Frankfurt a. M. 1980, S. 471–508.

Bitkom research: Eine digitale Agenda für die Schule, 2014. Verfügbar unter https://www.bitkom-research.de/epages/63742557.sf/de_DE/?ObjectPath=/Shops/63742557/Categories/Presse/Pressearchiv_2014/Eine_Digitale_Agenda_fuer_die_Schule, Zugriff am 30.06.2017.

Boeckmann, Klaus: Naive Medienexperten. Ergebnisse einer qualitativen Studie. In: Medien Praktisch 3/1996, S. 36–40.

Bönninghausen, Marion: Intermedialer Literaturunterricht. In: Volker Frederking/Hans-Werner Huneke/Axel Krommer/Christel Meier (Hg.). Literatur- und Mediendidaktik, Band 2. Baltmannsweiler 2010, S. 503–514.

Bönsch, Manfred: Erfolgreicher Lernen durch Differenzierung im Unterricht. Braunschweig 2009.

Bolz, Norbert: Am Ende der Gutenberg-Galaxis. Die neuen Kommunikationsverhältnisse. München 1993.

Bolz, Norbert/Friedrich Kittler/Georg Christoph Tholen (Hg.): Computer als Medium, 2. Aufl. München 1999.

Brünken, Roland/Detlev Leutner: Lernen mit Medien. In: Wolfgang Schneider und Marcus Hasselhorn. Handbuch der Pädagogischen Psychologie. Kopenhagen 2008, S. 551–562.

Csíkszentmihályi, Mihály: Flow im Beruf, 3. Aufl. Stuttgart 2012.

Debray, Régis: Jenseits der Bilder. Eine Geschichte der Bildbetrachtung im Abendland. Rodenbach 1999.

Debray, Regis: Einführung in die Mediologie. Bern 2003.

Dewe, Bernd/Peter J. Weber: Wissensgesellschaft und Lebenslanges Lernen. Weinheim 2007.

Ebel, Christian: Blogparade »Mit digitalen Medien besser lernen?«Ja, aber... Verfügbar unter https://www.vielfalt-lernen.de/2015/06/29/blogparade-mit-digitalen-medien-besser-lernen-ja-aber/, Zugriff am 11.07.2016.

Ekman, Paul: Gefühle lesen. Wie Sie Emotionen erkennen und richtig interpretieren. Berlin 2004.

Falschlehner, Gerhard: Die digitale Generation, Jugendliche lesen anders. Wien 2014.

Faulstich, Werner: Einführung in die Medienwissenschaft. Probleme Methoden Domänen. München 2002.

Foucault, Michael: Dispositive der Macht – über Sexualität, Wissen und Wahrheit. Berlin 1978.

Frederking, Volker (Hg.): Schwer messbare Kompetenzen. Herausforderungen für die empirische Fachdidaktik. Baltmannsweiler 2008a.

Frederking Volker/Hartmut Jonas: ›Neue Medien im Deutschunterricht – eine Zwischenbilanz‹. 2008b. Verfügbar unter http://www.ag-medien.de/dokumente/Online%20Zeitschrift/Online-Zeitschrift-Komplett_2009–08–25.pdf, Zugriff am 01.11.2016.

Giesecke, Michael: Von den Mythen der Buchkultur zu den Visionen der Informationsgesellschaft. Trendforschungen zur kulturellen Medienökologie, Frankfurt a. M., 2002.

Göhlich, Michael: Die pädagogische Umgebung. Eine Geschichte des Schulraums seit dem Mittelalter. Weinheim 1993.

Gombrich, Ernst H.: Die Geschichte der Kunst, 16. Aufl. Frankfurt a. M 1996.

Green, Norm/Kathy Green: Kooperatives Lernen im Klassenraum und im Kollegium: Das Trainingsbuch. Stuttgart 2005.

Groeben, Norbert/Bettina Hurrelmann (Hg.). Medienkompetenz – Voraussetzungen, Dimensionen, Funktionen. München 2002.

Hartinger, Andreas/Maria Fölling-Albers: Schüler Motivieren und Interessieren. Ergebnisse aus der Forschung Anregungen für die Praxis. Bad Heilbrunn 2002.

Heimann, Paul/Gunter Otto/Wolfgang Schulz: Unterricht. Analyse und Planung. 10. Aufl. Hannover 1979.

Heinrichwark, Claudia: Der bildungsbezogene mediale Habitus von Grundschulkindern – Eine empirische Studie zur Reproduktion sozialer Ungleichheit in Schule und Familie. Wuppertal 2009. Verfügbar unter http://elpub.bib.uni-wuppertal.de/servlets/DerivateServlet/Derivate-1131/dg0901.pdf, Zugriff am 04.03.2017.

Herzig, Bodo/Silke Grafe: Wirkungen digitaler Medien. In: Carsten Albers/Johannes Magenheim/Dorothee M. Meister (Hg.). Schule in der digitalen Welt – Medienpädagogische Ansätze und Schulforschungsperspektiven. Wiesbaden 2011, S. 67–96.

Höhne, Thomas. Wissen, Medien und Vermittlung. Wiesbaden 2011.

Horz, Holger: Modellhafte Darstellung der kognitiven Theorie des multimedialen Lernens. In: Jens Möller/Elke Wild. Handbuch Pädagogische Psychologie. Heidelberg 2009.

Jakobsen, Roy: Punkt-Punkt-Sommer-Strich. Hamburg 1995.

Jauch, Steffen: Paducation. Digitales Lernen für eine digitale Welt. 2014. Verfügbar unter www.deutschlandfunknova.de/beitrag/paducation-digitales-lernen-f%C3%BCr-eine-digitale-welt, Zugriff am 06.07.2017.

Jenkins, Henry: Convergence Culture – Where old and new media collide. New York 2006.

Kant, Immanuel: Prolegomena. 1783. Verfügbar unter http://gutenberg.spiegel.de/buch/prolegomena-3511/1, Zugriff am 05.05.2017.

Kerckhove, Derrick de: Die Architektur der Intelligenz. Wie die Vernetzung der Welt unsere Wahrnehmung verändert. Berlin 2002.

Kerr, Bill: which radical discontinuity? 2007. Verfügbar unter http://billkerr2.blogspot.de/2007/02/which-radical-discontinuity.html, Zugriff am 24.09.2017.

Kerres, Michael: E-Learning vs. Digitalisierung der Bildung: Neues Label oder neues Paradigma? In: Andreas Hohenstein/Karl Wilbers (Hg.). Handbuch E-Learning. Köln, 2016.

Klafki, Wolfgang: Neue Studien zur Bildungstheorie und Didaktik. Zeitgemäße Allgemeinbildung und kritisch-konstruktive Didaktik, 5. Aufl. Basel 1996.

Kogler, Karl. Schrift, Druck, Post. In: Hans H. Hiebel/Heinz Hiebler (Hg.), Die Medien. Logik – Leistung – Geschichte. München 1998, S. 31–74.

Köhnen, Ralph (Hg.): Einführung in die Deutschdidaktik. Stuttgart 2011.

Kommer, Sven/Ralf Biermann: Der mediale Habitus von (angehenden) LehrerInnen. Medienbezogene Dispositionen und Medienhandeln von Lehramtsstudierenden. In: Renate Schulz-Zander/Birgit Eickelmann/Heinz Moser/Horst Niesyta/Petra Grell (Hg.): Jahrbuch Medienpädagogik 9. Wiesbaden 2012, S. 81–108.

Krapp, Andreas/Bernd Weidenmann (Hg.): Pädagogische Psychologie. Ein Lehrbuch, 4. Aufl. München 2001.

Kuhn, Thomas: Die Struktur wissenschaftlicher Revolutionen. 2. ergänzte Aufl. Frankfurt a. M. 1962/1976.

Kultusminister Konferenz: Bildung in der digitalen Welt. Strategie der Kultusministerkonferenz. 2016. Verfügbar unter https://www.kmk.org/fileadmin/Dateien/pdf/PresseUndAktuelles/2016/Bildung_digitale_Welt_Webversion.pdf, Zugriff am 04.07.2017.

Leibniz-Institut für Wissensmedien: Glossar. Verfügbar unter https://www.e-teaching.org/materialien/glossar/blended-learning, Zugriff am 27.06.2017.

Luhmann, Niklas: Ökologische Kommunikation. Kann die moderne Gesellschaft sich auf ökologische Gefährdungen einstellen? 4. Aufl. Wiesbaden 2004 (1986).

Luhmann, Niklas: Einführung in die Systemtheorie, Heidelberg, 2004.

Magenheim, Johannes/Dorothee M. Meister: Potenziale von Web 2.0-Technologien für die Schule. In: Carsten Albers/Johannes Magenheim/Dorothee M. Meister (Hg.): Schule in der digitalen Welt – Medienpädagogische Ansätze und Schulforschungsperspektiven. Wiesbaden 2011, S. 19–41.

Mayer, Richard E: Cognitive Theory of Multimedia Learning. In: The Cambridge Handbook of Multimedia Learning. Cambridge 2005, S. 31–48.

McCourt, Frank: Tag und Nacht und auch im Sommer, 4. Aufl. München 2005.

McLuhan, Marshall: Die magischen Kanäle – Understanding Media. Düsseldorf 1968 (1964).

Medienpädagogischer Forschungsverbund Südwest (mpfs): Jim 2015. Jugend, Information (Multi-)Media. Basisstudie zum Medienumgang 12- bis 19-Jähriger in Deutschland. Stuttgart, November 2015. Verfügbar unter https://www.mpfs.de/fileadmin/files/Studien/JIM/2015/JIM_Studie_2015.pdf, Zugriff am 26.06.2017.

Mikos, Lothar: Ein kompetenter Umgang mit Medien erfordert mehr als Medienkompetenz. In: medien+erziehung (1) 1999, S. 19–23.

Mikos, Lothar: Mediensozialisation als Irrweg – Zur Integration medialer und sozialer Kommunikation aus der Sozialisationsperspektive. In: Dagmar Hoffmann/Lothar Mikos. Medensozialisationstheorien – Modell und Ansätze in der Diskussion, 2. Aufl. Wiesbaden 2010, S. 27–44.

NRW 4.0: Lernen im digitalen Wandel. Schulministerium NRW, Düsseldorf 2016. Verfügbar unter https://www.bildungviernull.nrw/landnrw/de/home/beteiligen/draftbill/48387/para/29, Zugriff am 27.06.2017.

Ong, Walter J.: Oralität und Literalität. Die Technologisierung des Wortes. Opladen 1982.

Padtberg, Carola: Je mehr am Computer, desto dümmer. 2005. Verfügbar unter http://www.spiegel.de/lebenundlernen/schule/schueler-je-mehr-am-computer-desto-duemmer-a-378164.html, Zugriff am 23.06.2017.

Platon: Phaidros. In: Platon. Sämtliche Werke, Bd. 2, übers. v. Friedrich Schleiermacher. Reinbek 2004.

Pscheida, Daniela: Das Wikipedia-Universum. Wie das Internet die Wissenskultur verändert. Bielefeld 2010.

Raible, Wolfgang: Medien-Kulturgeschichte. Mediatisierung als Grundlager unserer kulturellen Entwicklung. Heidelberg 2006.

Renner, Karl-Heinz/Astrid Schütz/Franz Machilek: Internet und Persönlichkeit. Differentiell-psychologische und diagnostische Aspekte der Internetnutzung. Göttingen 2005.

Reinmann, Gabi: Der Wille würde es auch tun. 2012. Verfügbar unter http://gabi-reinmann.de/?p=3119, Zugriff am 25.08.2017.

Reinmann, Gabi/Heinz Mandl: Unterrichten und Lernumgebungen gestalten. In: Andreas Krapp/Bernd Weidenmann (Hg.). Pädagogische Psychologie. Ein Lehrbuch. Weinheim 2006.

Reißmann, Ole: Programmiere dich zur Freiheit. 2012. Verfügbar unter http://www.spiegel.de/netzwelt/netzpolitik/digitale-selbsthilfe-drei-berliner-lernen-das-programmieren-a-834140.html, Zugriff am 12.05.2017.

Riederle, Philipp: Wer wir sind und was wir wollen. Ein Digital Native erklärt seine Generation, München 2013.

Rosa, Hartmut: Beschleunigung, 10. Aufl., Frankfurt a. M. 2014.

Rosa, Lisa: Kommt jetzt endlich die richtige Bildungspolitik in Deutschland? Verfügbar unter https://shiftingschool.wordpress.com/2016/06/17/kommt-jetzt-endlich-die-richtige-bildungspolitik-in-deutschland/#more-1431, Zugriff am 28.06.2017.

Rosa, Lisa: Lernen Lernen lernen mit dem persönlichen Lernnetzwerk. Wie im digitalen Zeitalter eigensinnig und gemeinsam gelernt wird. 2013. Verfügbar unter https://shiftingschool.wordpress.com/2013/05/10/lernen-lernen-lernen-mit-dem-personlichen-lernnetzwerk-wie-im-digitalen-zeitalter-eigensinnig-und-gemeinsam-gelernt-wird/, Zugriff am 10.07.2017.

Rupp, Gerhard: Lesen/Schreiben, Sehen/Produzieren. Deutschunterricht zwischen Literatur und Medien. In: Deutschunterricht Berlin 50 (1997). Heft 10. S. 461–478.

Saalfrank, Wolf-Thorsten: Differenzierung. In: Ewald Kiel (Hg.). Unterricht sehen, analysieren und gestalten. Bad Heilbrunn 2008, S. 65–96.

Scheibel, Michael: Bildungsräume in Informationszeitalter. In: Ralf Appelt (Hg.)/Torsten Meyer/Tan Wey-Han/Christina Schwalbe: Medien & Bildung – Institutionelle Kontexte und kultureller Wandel. Wiesbaden 2011, S. 193–201.

Schirrmacher, Frank: Payback: Warum wir im Informationszeitalter gezwungen sind zu tun, was wir nicht tun wollen, und wie wir die Kontrolle über unser Denken zurückgewinnen, 3. Aufl. München 2009.

Schnitzenbaumer, Nina: Bloqbeitrag: Warum du nicht auf den perfekten Moment warten solltest. 2016. Verfügbar unter http://ninaschnitzenbaumer.com/warum-du-nicht-auf-den-perfekten-moment-warten-solltest/, Zugriff am 03.07.2017.

Schorb, Michael/Hüther, Jürgen (Hg.): Medienpädagogik. In: Grundbegriffe Medienpädagogik. München 2005, S. 265–276.

Schulte, Carsten/Maria Knobelsdorf: Medien nutzen, Medien gestalten – eine qualitative Analyse der Computernutzung. In: Carsten Albers/Johannes Magenheim/Dorothee M. Meister (Hg.). Schule in der digitalen Welt – Medienpädagogische Ansätze und Schulforschungsperspektiven. Wiesbaden 2011, S. 97–115.

Senkbeil, Martin/Wittwer, Jörg: Die Computervertrautheit von Jugendlichen und Wirkungen der Computernutzung auf den fachlichen Kompetenzerwerb. In: Manfred Prenzel/Cordula Artelt/Jürgen Baumert/Werner Blum/Marcus Hammann/Eckhard Kliemeund/Reinhard Pekrun (Hg.): PISA 2006. Die Ergebnisse der dritten internationalen Vergleichsstudie. Münster 2007, S. 277–307.

Staudermann, Melanie/Renate Schulz-Zander: Dimensionen unterrichtlicher Interaktion bei der Verwendung digitaler Medien. In: Renate Schulz-Zander/Birgit Eickelmann/Heinz Moser/Horst Niesyto/Petra Grell (Hg.). Jahrbuch Medienpädagogik 9. Wiesbaden 2012, S. 51–80.

Süss, Daniel: Mediensozialisation zwischen gesellschaftlicher Entwicklung und Identitäskonstruktion. In: Dagmar Hoffmann/Lothar Mikos (Hg.). Mediensozialisationstheorien – Modell und Ansätze in der Diskussion, 2. Aufl. Wiesbaden 2010, S. 109–130.

Tulodziecki, Gerhard: Handeln und Lernen in einer von Medien mitgestalteten Welt – Konsequenten für Erziehung und Bildung. In: Carsten Albers/Johannes Magenheim/Dorothee M. Meister (Hg.). Schule in der digitalen Welt – Medienpädagogische Ansätze und Schulforschungsperspektiven. Wiesbaden 2011, S. 43–65.

Verhagen, Pløn: Connectivism: a new learning theory? 2006. Verfügbar unter https://de.scribd.com/doc/88324962/Connectivism-a-New-Learning-Theory, Zugriff am 24.09.2017.

Voogt, Joke: Are teachers ready to teach in the knowledge society? Considerations based on empirical findings. In: Renate Schulz-Zander/Birgit Eickelmann/Heinz Moser/Horst Niesyto/Petra Grell (Hg.). Jahrbuch Medienpädagogik 9. Wiesbaden 2012, S. 17–28.

Voss, Andreas: Print- und Hypertextlesekompetenz im Vergleich. Münster 2006.

Weber, Stefan: Systemtheorien der Medien. In: Derrick de Kerchkove/Martine Leeker/Kerstin Schmidt (Hg.): McLuhan neu lesen. Kritische Analysen zu Medien und Kultur im 21. Jahrhundert. Bielefeld 2008, S. 189–203.

Weber, Thomas: Wissensvermittlung in medialer Transformation. In: Ralf Appelt (Hg.)/Torsten Meyer/Wey-Han Tan/Christina Schwalbe (Hg.). Medien & Bildung – Institutionelle Kontexte und kultureller Wandel. Wiesbaden 2011, S. 29–39.

Wermke, Jutta: Hördidaktik und Hörästhetik. In: Volker Frederking/Hans-Werner Huneke/Axel Krommer/Christel Meier (Hg.). Literatur- und Mediendidaktik, Bd. 2. Baltmannsweiler 2010, S. 180–199.

Wikipedia: Stichwort Contentmanagement. Verfügbar unter https://de.wikipedia.org/wiki/Content-Management, Zugriff am 25.06.2017.

Wikipedia: Stichwort Konnektivismus. Verfügbar unter https://de.wikipedia.org/wiki/Konnektivismus, Zugriff am 23.06.2017.

Willke, Helmut: Einführung in das systemische Wissensmanagement. Heidelberg 2004.

Kleines Wörterbuch

additiv	anfügend, beifügend, hinzufügend
allopoietisch	Allopoietische Systeme erzeugen durch ihre Funktion etwas, das anders ist als sie selbst. Sie können sich aber nicht aus sich selbst reproduzieren. Sie sind kausal geschlossene Systeme. Sie stellen erwartbare Resultate her
autopoietisch	Autopoietische Systeme erzeugen sich selbst. Sie produzieren und reproduzieren sich durch die Elemente, aus denen sie bestehen
a priori	das hervorstehend Gemeinte
analogisieren	Der Einsatz digitaler Medien wird gleichzeitig durch analoge Methoden im Klassenraum begleitet. Beispiel: Ein Kunstobjekt (z. B. eine berühmte Skulptur) wird gezeigt und dann wird von Schülern die Figur nachgestellt und befragt
attentive Prozesse	Bewusst kontrollierte Analyseprozesse; prä-attentiv dagegen bedeutet: Prozesse laufen in Sekundenbruchteilen ab
badges	Abzeichen
blended classroom	s. blended learning
blended learning	»Vermischtes Lernen« – Vermischung von Präsenzlernen und E-Learning
CMS	CMS ist ein Akronym für Content-Management-System. CMS sind Programme, mit dessen Hilfe Inhalte (gemeinschaftlich) erstellt, bearbeitet und organisiert werden
crossmedial	Gemeint ist ein Einsatz von verschiedenen Medientypen (z. B. Text und Bild) oder z. B. bei Vorträgen: der Einsatz einer Präsentation und parallel dazu eine Gruppenübung im Klassenraum
Cybermobbing	Mobbing in digitalen sozialen Netzwerken
deklaratives Wissen	Deklaratives Wissen bezieht sich auf das Wissen über Sachverhalte, wie z. B. Fakten und Begriffe. Der Erwerb findet durch Vermittlung statt

digitale Artefakte	Ein Gegenstand (auch Text), der mit digitalen Mitteln geschaffen wird
digital native	Gemeinhin wird der *digital native* als eine Person verstanden, die im Zeitalter der digitalen Revolution aufgewachsen ist. Hierbei wird oft eine angeborene reflexiv-kritische Auseinandersetzung mit digitalen Medien impliziert, was jedoch eine Fehlinterpretation darstellt
Dual-channel Assumption	Aufnahme von Informationen über zwei verschiedene Kanäle
extraneous load	Extraneous load bezeichnet die extrinsische Belastung. Diese wird durch die Darstellung und Gestaltung des Lernmaterials beeinflusst. Ein Lernmaterial, welches durch überflüssige und irrelevante Informationen, Wiederholungen oder zahlreiche Verweise gekennzeichnet ist, führt zur höheren extrinsischen Belastung. Eine optimierte Gestaltung des Lernmaterials kann die extrinsische Belastung verringern
Faktenwissen	s. deklaratives Wissen
flipped classroom	Deklaratives Wissen wird in Heimarbeit erarbeitet, der Klassenraum/Unterricht fungiert als Raum für den Wissenstransfer
Flow	Ein Zustand, der bei der Arbeit entstehen kann, wenn etwas besonders Freude macht oder gelingt (vgl. Csíkszentmihályi 2012)
Fossilisierung	Der Begriff stammt aus der Sprachforschung. Dort ist eine Verfestigung, eine Versteinerung von fehlerhaften sprachlichen Strukturen und Gewohnheiten gemeint, die in einem früheren Lernstadium erworben wurden und die sich im weiteren Lernprozess kaum beseitigen lassen
germane load	Germane load bezeichnet die lernbezogene Belastung. Unter lernbezogener Belastung versteht man den wichtigen Anteil der kognitiven Belastung, der für den Lernprozess notwendig ist, d. h. die Beanspruchung oder den Aufwand des Lernenden, um das Lernmaterial zu verstehen.
Graphosphäre	Die Graphosphäre beschreibt laut Debray (2003) die Zeitepoche, die vor allem durch den Buchdruck geprägt ist

Hyperlink	Eine Textstelle/ein Symbol auf dem Bildschirm, die markiert sind (z. B. durch Farbe/Unterstreichung etc.). Beim Anklicken erhält der Nutzer weitere Informationen zu einem bestimmten Stichwort/Thema
Hypersphäre	Die Hypersphäre beschreibt laut Debray (2003) die Zeitepoche, die vor allem von digitalen Medien geprägt ist
Hypertext	Ein Text, der mit einer netzartigen Struktur Informationen durch Querverweise (Hyperlinks) zwischen Hypertext-Knoten verknüpft
Inkommensurabilität	Unübersetzbarkeit von Begriffen
intrinsic load	Intrinsic load bezeichnet die kognitive Belastung, die durch das Lernmaterial selbst bedingt ist bzw. von der Schwierigkeit und der Komplexität des Lernmaterials abhängt
intrinsische Motivation	Eigene, in der jeweiligen Person vorhandene Motivation etwas zu tun oder zu unterlassen. Sie ist von äußeren Einflüssen unabhängig
kollaborativ	Zusammenarbeiten. Findet in der digitalen Welt Verwendung, wenn es um gemeinsames Arbeiten im Internet geht, das unabhängig von Raum und Zeit stattfindet
Konnektivismus	Lerntheorie, die versucht, das Lernen im digitalen Zeitalter zu erläutern
kontextuelles Wissen	Umfasst Problemlösestrategien für bestimmte Kontexte. Das kontextuelle Wissen bezieht sich auf nonverbal kodiertes, analog repräsentiertes Wissen
kreuzmodal	Der Prozess, in dem die verschiedenen Sinneswahrnehmungen miteinander in Beziehung gesetzt werden
Leaderboard	Eine grafische Darstellung der Rangliste in einem Spiel
Leitmedium	Ein unspezifisches Modewort der digitalen Welt. Als Leitmedien werden u. a. Medien bezeichnet, die eine zentrale Rolle in gesellschaftlicher Kommunikation einnehmen
Lernkompetenz	Beschreibt die Fähigkeit, selbständig lernen zu können

Learning Management System (LMS)	Allgemein ein Sammelbegriff für Lernplattformen
Mediatisierung	Das Verständnis, dass digitale Medien bei der Entwicklung von Kultur unmittelbar beteiligt sind
Medienkompetenz	Ein unbestimmter Begriff, der sowohl den Umgang mit als auch das Verstehen von Medien umfasst
Mediensphären	Der Begriff Mediensphäre beschreibt eine »kollektive Persönlichkeit oder Stileinheit einer Epoche – oder das, was ihren Instrumenten, Formen und Ideen gemeinsam ist.« (Debray 2003, S. 44)
Mediologie	Mediologie »umfasst die Gesamtheit der leblosen und belebten Vektoren, die für eine bestimmte Epoche oder eine bestimmte Gesellschaft für eine Sinnbeförderung notwendig sind [...]« (Debray 2003, S. 151)
Netiquette	Verhaltensregeln für den gemeinsamen Umgang miteinander in digitalen sozialen Netzwerken
Onlinedidaktik	Die didaktische Reflexion des Interneteinsatzes als Lehr- und Lernmittel im Unterricht
Ontologie	Die Ontologie ist eine Disziplin innerhalb der Philosophie, die sich damit beschäftigt, was existiert und was konstruiert wird. Es wird unterschieden zwischen dem Sein und dem Erkennen. Durch das Entdecken oder Konstruieren wird versucht festzulegen, was schon immer existiert hat
Paretoprinzip	Die sogenannte 80-zu-20-Regel. Sie besagt, dass 80 % der Ergebnisse in 20 % der Gesamtzeit eines Projekts erreicht werden. Die verbleibenden 20 % der Ergebnisse benötigen 80 % der Gesamtzeit und verursachen die meiste Arbeit und die höchsten Kosten
prozedurales Wissen	Kenntnisse über das Zusammenwirken von Dingen innerhalb von Prozessen
second digital divide	Digitale Kluft oder Spaltung beschreibt die sozialen oder gesellschaftlichen Unterschiede im Zugang zu und der Nutzung von digitaler Informations- und Kommunikationstechnologie (Internet)
Sozialkompetenz	Umfasst die Fertigkeiten, sich in sozialen Kontexten sicher und gesellschaftsfähig einzubringen

Template-Datei	Eine Vorlagen-Datei, die von einem User genutzt werden kann, um vorgegebene Strukturen, Layouts o. ä. nicht neu erstellen zu müssen, sondern zu übernehmen
ubiquitous computing	Allgegenwart der rechnergestützten Informationsverarbeitung
Videosphäre	Die Videosphäre beschreibt laut Debray (2003) eine Zeitepoche, die vor allem von audiovisuellen Medien geprägt ist

So bereichern Smartphone & Co Ihren Unterricht

Philippe Wampfler

**Digitaler
Deutschunterricht**
Neue Medien produktiv einsetzen

2017. 160 Seiten, Paperback
ISBN 978-3-525-70197-3

eBook: ISBN 978-3-647-70197-4

Das Buch stellt Methoden und Projekte vor, die es erlauben, Neue Medien im Deutschunterricht didaktisch reflektiert und produktiv einzusetzen. Die pädagogische Diskussion digitaler Medien ist bis heute davon geprägt, das der Deutschunterricht sein Ziel darin sieht, die »alten« Medien (das »gute« Buch) zu bewahren. Die für Jugendliche alltäglich gewordenen Plattformen und sozialen Netzwerke werden darum primär als eine Gefährdung angesehen. Diese Perspektive hat den Blick auf das Potenzial Neuer Medien verschüttet. Philippe Wampfler ändert das, indem er an konkreten Beispielen zeigt, wie zeitgemäßer Deutschunterricht die veränderten Bedingungen für Literatur, Schreiben und Lesen reflektieren und produktiv nutzen kann. Auf eine Einleitung mit fachdidaktischen Einsichten zum Arbeiten mit digitalen Werkzeugen folgen Unterrichtseinheiten, die auf verschiedenen Schulstufen und -niveaus von Lehrkräften direkt eingesetzt werden können.

V&R

Verlagsgruppe Vandenhoeck & Ruprecht | V&R unipress

www.v-r.de

Digitale Kommunikation in der Schule

Philippe Wampfler

Generation »Social Media«

Wie digitale Kommunikation
Leben, Beziehungen und Lernen
Jugendlicher verändert

2014. 160 Seiten mit 15 Abb., kartoniert
ISBN 978-3-525-70168-3
eBook: ISBN 978-3-647-70168-4

Eine sachliche, wissenschaft-
lich fundierte Beschreibung
der Veränderungen, die digitale Medien für die Jugendlichen von heute und von
morgen bedeuten, ermöglicht
zielführende (medien-)päd-
agogische Arbeit.

Philippe Wampfler

Facebook, Blogs und Wikis in der Schule

Ein Social-Media-Leitfaden

2. Auflage 2016. 174 Seiten mit 9 Abb.,
kartoniert
ISBN 978-3-525-70165-2
eBook: ISBN 978-3-647-70165-3

»Wer der aktuellen Entwicklung digitaler Medien nicht
ausgeliefert sein will und
sich vorstellen kann, diese
im pädagogischen Alltag der
Schule zu nutzen, der kann
sich von den ausführlich und
durchaus kritisch dargeleg-
ten Erfahrungen des Autors
anregen lassen. – Eine vertiefende Anleitung.«
Pädagogik (Jörg Schlömerkemper)

Verlagsgruppe Vandenhoeck & Ruprecht | V&R unipress   www.v-r.de